BARBECUE

Quelques petits conseils

Peu importe le type de barbecue utilisé : gaz, charbon, brique etc. prenez l'habitude de préchauffer le barbecue avant la cuisson.

Lorsque le barbecue est presque chaud, huilez la grille et faites-la chauffer pour empêcher les aliments d'y adhérer durant la cuisson.

Dégraissez les viandes pour empêcher la graisse fondante de s'écouler sur les charbons et de s'enflammer, ce qui ferait noircir les aliments.

Surveillez les aliments qui cuisent au barbecue. Retournez-les, si nécessaire, pour les empêcher de brûler.

En raison de la très grande variété de barbecues sur le marché, utilisez nos temps de cuisson comme guide et adaptez-les à votre barbecue.

Les charbons doivent être très chauds et gris avant de commencer la cuisson des aliments.

À défaut de marinade, utilisez de l'huile et badigeonnez les aliments généreusement avant de les placer sur la grille chaude. De cette façon, on peut saisir rapidement la viande et elle aura meilleur goût.

La cuisson des poissons au barbecue demande un peu plus de patience, car les poissons ont tendance à adhérer à la grille. Pour éviter ce problème, utilisez une grille à poisson à poignée longue, en acier inoxydable.

Steak Diane barbecue

(pour 2 personnes)

1 PORTION	445 CALORIES	1g GLUCIDES
35g PROTÉINES	26g LIPIDES	trace FIBRES

60 ml	(4 c. à soupe) beurre fondu
60 ml	(4 c. à soupe) cognac
60 ml	(4 c. à soupe) sherry
30 ml	(2 c. à soupe) ciboulette hachée
2	steaks de contre-filet, 250 à 300 g (8 à 10 oz) chacun
	sel et poivre

Préchauffer le barbecue à FORT.

Mettre beurre, cognac, sherry et ciboulette dans une petite casserole; amener à ébullition.

Retirer le surplus de gras des steaks.

Verser la marinade chaude sur la viande; laisser reposer 15 minutes.

Placer les steaks sur la grille chaude. Faire cuire 8 à 10 minutes ou au goût. Retourner les steaks de 2 à 3 fois et badigeonner de temps en temps. Assaisonner au goût.

Biftecks de flanc délicieux

(pour 4 personnes)

1 PORTION	1064 CALORIES	11g GLUCIDES
46g PROTÉINES	94g LIPIDES	trace FIBRES

Marinade

375 ml	(1½ tasse) huile végétale
125 ml	(½ tasse) sauce soya
50 ml	(¼ tasse) sauce Worcestershire
125 ml	(½ tasse) vinaigre de vin
125 ml	(½ tasse) jus de citron
30 ml	(2 c. à soupe) moutarde sèche
5 ml	(1 c. à thé) sel
15 ml	(1 c. à soupe) poivre
15 ml	(1 c. à soupe) persil frais haché
2	gousses d'ail, écrasées et hachées

Recette

2	grands biftecks de flanc, dégraissés

Préchauffer le barbecue à FORT.

Bien mélanger les ingrédients de la marinade. Verser sur les steaks et réfrigérer 4 heures.

Égoutter la viande et la couper, en biseau, en grandes lanières. Placer sur la grille chaude et faire cuire 3 à 4 minutes de chaque côté. Assaisonner et badigeonner de marinade.

Servir avec des pommes de terre.

Entrecôtes
aux framboises

(pour 4 personnes)

1 PORTION	314 CALORIES	13g GLUCIDES
33g PROTÉINES	14g LIPIDES	trace FIBRES

4	entrecôtes, 250 à 300 g (8 à 10 oz) chacune
30 ml	(2 c. à soupe) beurre
3	oignons moyens hachés
1	gousse d'ail, écrasée et hachée
15 ml	(1 c. à soupe) persil frais haché
50 ml	(¼ tasse) vinaigre de vin aux framboises
125 ml	(½ tasse) sauce pour taco
	huile
	sel et poivre

Préchauffer le barbecue à FORT.

Badigeonner les entrecôtes d'huile. Placer sur la grille chaude et faire cuire 8 à 10 minutes ou au goût. Retourner 3 à 4 fois durant la cuisson et assaisonner dès que la viande est saisie.

Entre-temps, faire chauffer le beurre dans une casserole. Ajouter oignons, ail et persil; faire cuire 3 minutes à feu doux.

Ajouter le vinaigre; faire cuire 3 à 4 minutes à feu moyen-vif.

Saler, poivrer et incorporer la sauce pour taco; faire cuire 2 à 3 minutes à feu doux.

Servir avec les entrecôtes.

Il est important de badigeonner les entrecôtes d'huile lorsqu'on n'utilise pas une marinade.

Faire cuire oignons, ail et persil dans le beurre chaud, 3 à 4 minutes à feu doux.

Ajouter le vinaigre et faire réduire 3 à 4 minutes à feu moyen-vif.

Assaisonner et incorporer la sauce pour taco; faire cuire 2 à 3 minutes à feu doux.

Steaks d'aloyau piquants

(pour 4 personnes)

1 PORTION	319 CALORIES	18g GLUCIDES
24g PROTÉINES	17g LIPIDES	trace FIBRES

4	steaks d'aloyau (T-Bone), 2,5 à 3 cm, (1 à 1¼ po) d'épaisseur
125 ml	(½ tasse) ketchup
30 ml	(2 c. à soupe) beurre fondu
15 ml	(1 c. à soupe) sauce Worcestershire
2 ml	(½ c. à thé) gingembre haché
30 ml	(2 c. à soupe) vinaigre de vin
30 ml	(2 c. à soupe) miel
15 ml	(1 c. à soupe) jus de citron
15 ml	(1 c. à soupe) moutarde de Dijon
	sel et poivre
	huile

Préchauffer le barbecue à FORT.

Retirer la majeure partie du gras des steaks. Entailler le reste du gras avec un couteau pour qu'il ne se torde pas durant la cuisson. Huiler légèrement les steaks. Mettre de côté.

Faire chauffer ketchup, beurre et sauce Worcestershire 2 à 3 minutes dans une petite casserole à feu doux.

Ajouter gingembre, vinaigre et miel; continuer la cuisson 2 à 3 minutes.

Retirer du feu et incorporer jus de citron et moutarde.

Badigeonner les steaks du mélange. Placer sur la grille chaude et faire cuire 12 à 14 minutes ou au goût. Retourner 4 fois durant la cuisson, badigeonner fréquemment et bien assaisonner.

Retirer la majeure partie du gras. Entailler le reste du gras pour qu'il ne se torde pas durant la cuisson. Huiler légèrement les steaks.

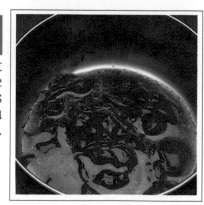

Faire chauffer ketchup, beurre et sauce Worcestershire 2 à 3 minutes dans une casserole à feu doux.

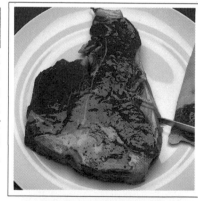

Ajouter gingembre, vinaigre et miel; continuer la cuisson 2 à 3 minutes. Retirer du feu et incorporer jus de citron et moutarde.

Badigeonner les steaks du mélange.

MOUTARDE A L'ANCIENNE
GRAIN MUSTARD
BOCQUET
Product of France

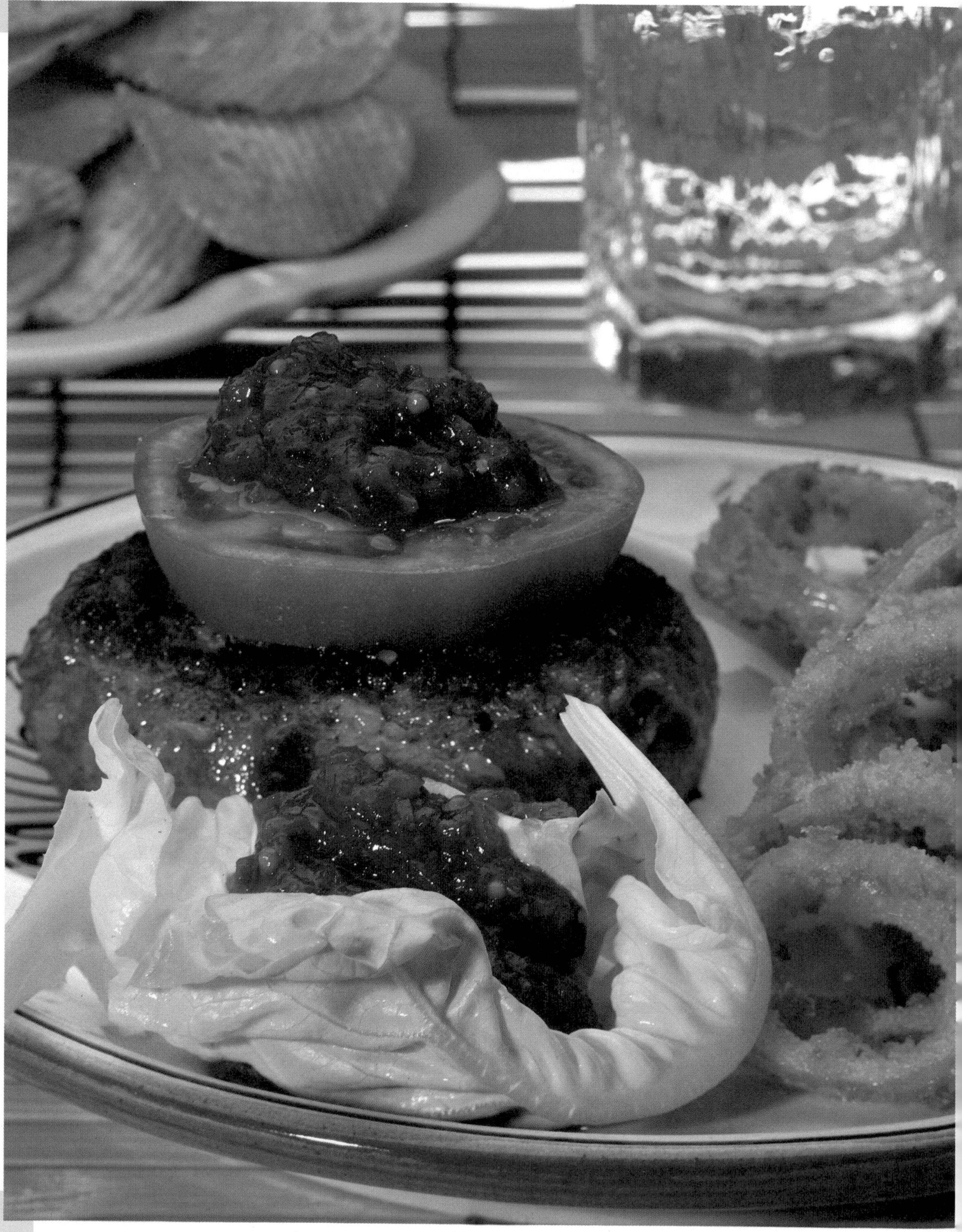

Hamburger juteux

(pour 4 personnes)

1 PORTION	437 CALORIES	7g GLUCIDES
70g PROTÉINES	13g LIPIDES	trace FIBRES

900 g	(2 livres) bœuf maigre haché
1	oignon moyen, haché et cuit
2 ml	(½ c. à thé) poudre de chili
30 ml	(2 c. à soupe) pâte de tomates
45 ml	(3 c. à soupe) chapelure
1	œuf
	une pincée de paprika
	sel et poivre
	huile pour badigeonner

Préchauffer le barbecue à MOYEN.

Mettre tous les ingrédients, sauf l'huile, dans un malaxeur. Bien mélanger jusqu'à ce que la viande forme une boule.

Former des hamburgers et les badigeonner d'huile. Placer sur la grille chaude et bien assaisonner. Couvrir et faire cuire 8 à 10 minutes ou au goût. Retourner la viande 2 à 3 fois durant la cuisson. Assaisonner au goût.

Accompagner de relish et d'oignons frits.

Oignons frits

(pour 4 personnes)

1 PORTION	259 CALORIES	31g GLUCIDES
8g PROTÉINES	11g LIPIDES	trace FIBRES

2	oignons moyens, en rondelles
375 ml	(1½ tasse) lait
2	œufs battus
375 ml	(1½ tasse) biscuits soda, écrasés et bien assaisonnés
	une pincée de paprika

Laisser les rondelles d'oignons tremper dans le lait pendant 15 minutes.

Égoutter les oignons, les tremper dans les œufs battus et les enrober de biscuits écrasés. Saupoudrer de paprika.

Faire dorer 3 minutes dans de l'huile chaude. Servir avec des hamburgers.

Biftecks de faux-filet

(pour 4 personnes)

1 PORTION	426 CALORIES	11g GLUCIDES
40g PROTÉINES	24g LIPIDES	0,5g FIBRES

Marinade

3	oignons verts, finement hachés
50 ml	(¼ tasse) sauce soya
50 ml	(¼ tasse) huile de sésame
15 ml	(1 c. à soupe) sucre
30 ml	(2 c. à soupe) graines de sésame
	poivre du moulin

Recette

4	biftecks de faux-filet

Préchauffer le barbecue à FORT.

Bien mélanger les ingrédients de la marinade. Verser sur les steaks. Réfrigérer 1 heure.

Placer les steaks sur la grille chaude; faire cuire 5 à 6 minutes de chaque côté ou au goût. Badigeonner de temps en temps et poivrer.

Entrecôtes
et sauce aux légumes

(pour 4 personnes)

1 PORTION	328 CALORIES	19g GLUCIDES
34g PROTÉINES	13g LIPIDES	1,0g FIBRES

30 ml	(2 c. à soupe) huile
3	piments jalapeno frais, très finement hachés
2	oignons, hachés
1	piment jaune, haché
2	tomates pelées et en dés
1	courgette, en petits dés
250 ml	(1 tasse) ananas en cubes
2 ml	(½ c. à thé) cumin
2 ml	(½ c. à thé) origan
2 ml	(½ c. à thé) basilic
45 ml	(3 c. à soupe) pâte de tomates
4	entrecôtes, 250 à 300 g (8 à 10 oz) chacune
	sel et poivre

Préchauffer le barbecue à FORT.

Faire chauffer la moitié de l'huile dans une casserole. Ajouter piments et oignons; faire cuire 3 à 4 minutes à feu moyen.

Ajouter tomates et courgette; couvrir et faire cuire 5 à 6 minutes.

Incorporer ananas, cumin, origan et basilic. Assaisonner; couvrir et faire cuire 10 minutes à feu moyen. Ajouter la pâte de tomates; couvrir et continuer la cuisson 3 minutes.

Entre-temps, badigeonner les entrecôtes du restant d'huile et placer sur la grille chaude. Faire cuire 8 à 10 minutes ou au goût. Retourner 3 à 4 fois durant la cuisson et assaisonner dès que la viande est saisie.

Accompagner les entrecôtes de la sauce aux légumes.

Faire cuire piments et oignons 3 à 4 minutes à feu moyen.

Incorporer ananas et épices. Saler, poivrer; couvrir et faire cuire 10 minutes à feu moyen.

Ajouter tomates et courgettes; couvrir et continuer la cuisson 5 à 6 minutes.

Ajouter la pâte de tomates; couvrir et prolonger la cuisson 3 minutes.

Petites côtes de dos marinées

(pour 4 personnes)

1 PORTION	1014 CALORIES	15g GLUCIDES
47g PROTÉINES	84g LIPIDES	trace FIBRES

Marinade

175 ml	(¾ tasse) jus d'ananas
45 ml	(3 c. à soupe) sauce soya
2	gousses d'ail, écrasées et hachées
50 ml	(¼ tasse) ketchup
15 ml	(1 c. à soupe) miel

Recette

1,4 kg	(3 livres) petites côtes de dos de porc
	sel et poivre

Préchauffer le barbecue à DOUX.

Mettre jus d'ananas, sauce soya et ail dans un grand bol; bien mélanger. Ajouter le reste des ingrédients de la marinade. Assaisonner au goût. Ajouter les petites côtes et laisser mariner 15 minutes.

Placer les côtes sur la grille chaude. Couvrir partiellement et faire cuire 40 à 50 minutes. Retourner fréquemment et badigeonner au besoin. Bien assaisonner.

Contre-filet mariné au vin

(pour 4 personnes)

1 PORTION	341 CALORIES	2g GLUCIDES
41g PROTÉINES	15g LIPIDES	trace FIBRES

2	gousses d'ail, écrasées et hachées
2	feuilles de laurier, finement hachées
5 ml	(1 c. à thé) de poivre vert en grains
125 ml	(½ tasse) vin blanc sec
30 ml	(2 c. à soupe) vinaigre de vin
15 ml	(1 c. à soupe) huile
4	steaks de contre-filet, 250 à 300 g (8 à 10 oz) chacun
	sel et poivre

Préchauffer le barbecue à FORT.

Placer tous les ingrédients dans un grand plat profond; laisser mariner 15 minutes.

Placez les steaks sur la grille chaude; faire cuire 8 à 10 minutes ou au goût. Retourner au moins 3 fois. Badigeonner et assaisonner au goût.

Côtelettes de veau et hollandaise aux tomates

(pour 4 personnes)

1 PORTION	665 CALORIES	3.2g GLUCIDES
52g PROTÉINES	49g LIPIDES	0,3g FIBRES

45 ml	(3 c. à soupe) huile
5 ml	(1 c. à thé) sauce Worcestershire
5 ml	(1 c. à thé) poudre de cari
5 ml	(1 c. à thé) chili en poudre
4	grosses côtelettes de veau
15 ml	(1 c. à soupe) eau chaude
30 ml	(2 c. à soupe) raifort
3	jaunes d'œufs
15 ml	(1 c. à soupe) pâte de tomates
2 ml	(½ c. à thé) cumin
125 ml	(½ tasse) beurre fondu
	jus de 1 limette
	sel et poivre

Préchauffer le barbecue à FORT.

Mélanger huile, sauce Worcestershire, cari, chili et jus de limette. Badigeonner les côtelettes du mélange. Saler, poivrer.

Placer sur la grille chaude. Faire cuire 5 à 6 minutes de chaque côté ou selon l'épaisseur. Badigeonner de temps en temps. Assaisonner au goût.

Mélanger eau, raifort, jaunes d'œufs, pâte de tomates et épices dans un blender pendant 30 secondes à vitesse rapide.

Réduire la vitesse à faible et très lentement incorporer le beurre. Bien mélanger jusqu'à ce que le beurre soit complètement incorporé. Assaisonner et servir avec le veau.

Côtelettes de veau juteuses

(pour 4 personnes)

1 PORTION	576 CALORIES	18g GLUCIDES
52g PROTÉINES	30g LIPIDES	0,6g FIBRES

30 ml	(2 c. à soupe) beurre
2	oignons verts, hachés
1	gousse d'ail, écrasée et hachée
1	grosse tomate, pelée et en dés
375 ml	(1½ tasse) sauce brune chaude
30 ml	(2 c. à soupe) sauce chili
15 ml	(1 c. à soupe) sauce tériyaki
5 ml	(1 c. à thé) gingembre frais haché
4	grosses côtelettes de veau
	sel et poivre

Préchauffer le barbecue à FORT.

Faire chauffer le beurre dans une casserole. Ajouter oignons verts, ail et tomate. Faire cuire 3 à 4 minutes à feu vif. Saler, poivrer.

Incorporer sauce brune, sauce chili, sauce tériyaki et gingembre; continuer la cuisson 3 à 4 minutes à feu doux.

Badigeonner les côtelettes du mélange. Placer sur la grille chaude et faire cuire 5 à 6 minutes de chaque côté ou selon l'épaisseur. Bien assaisonner et badigeonner de temps en temps.

Servir avec des pommes de terre au four.

Côtes de veau aux tomates

(pour 4 personnes)

1 PORTION	402 CALORIES	11g GLUCIDES
50g PROTÉINES	16g LIPIDES	trace FIBRES

4	côtes de veau dans la longe, 2 cm (¾ po) d'épaisseur
250 ml	(1 tasse) jus de tomates
30 ml	(2 c. à soupe) sirop de maïs
30 ml	(2 c. à soupe) huile végétale
2 ml	(½ c. à thé) estragon
2 ml	(½ c. à thé) cerfeuil
15 ml	(1 c. à soupe) poivre vert en grains, écrasé
15 ml	(1 c. à soupe) jus de limette
	sel et poivre

Préchauffer le barbecue à FORT.

Retirer l'excès de gras des côtes de veau et les placer dans un plat profond. Mettre de côté.

Mélanger jus de tomates, sirop de maïs et huile dans un bol.

Ajouter épices, poivre vert et jus de limette; bien mélanger et verser sur la viande. Laisser mariner 30 minutes.

Placer les côtes de veau sur la grille chaude. Couvrir partiellement et faire cuire 15 minutes. Retourner 4 fois durant la cuisson. Badigeonner fréquemment et assaisonner au goût.

Retirer l'excès de gras des côtes de veau et les placer dans un plat profond. Mettre de côté.

 Ajouter épices, poivre vert et jus de limette; bien mélanger.

Mélanger jus de tomates, sirop de maïs et huile dans un bol.

 Verser sur les côtes de veau et laisser mariner 30 minutes.

Escalopes de veau

(pour 4 personnes)

1 PORTION	279 CALORIES	2g GLUCIDES
33g PROTÉINES	15g LIPIDES	trace FIBRES

Marinade

50 ml	(¼ tasse) huile
15 ml	(1 c. à soupe) estragon
15 ml	(1 c. à soupe) sauce soya
1	gousse d'ail, écrasée et hachée
15 ml	(1 c. à soupe) jus de citron

Recette

4	escalopes de veau, 0,65 cm (¼ po) d'épaisseur
	sel et poivre

Préchauffer le barbecue à FORT.

Bien mélanger les ingrédients de la marinade dans un bol. Ajouter le veau; laisser mariner 30 minutes.

Placer les escalopes sur la grille chaude. Faire cuire 4 minutes de chaque côté en badigeonnant de temps en temps. Assaisonner au goût.

Servir avec des aubergines grillées.

Escalopes de veau farcies

(pour 4 personnes)

1 PORTION	292 CALORIES	13g GLUCIDES
34g PROTÉINES	14g LIPIDES	0,7g FIBRES

15 ml	(1 c. à soupe) beurre
1	oignon, finement haché
250 ml	(1 tasse) aubergine en petits dés
15 ml	(1 c. à soupe) persil frais haché
15 ml	(1 c. à soupe) pâte de tomates
4	grandes escalopes de veau
8	feuilles de vigne
30 ml	(2 c. à soupe) huile végétale
15 ml	(1 c. à soupe) jus de citron
	sel et poivre

Préchauffer le barbecue à MOYEN.

Faire chauffer le beurre dans une petite casserole. Ajouter oignon, aubergine et persil; couvrir et faire cuire 7 à 8 minutes à feu doux.

Incorporer la pâte de tomates; continuer la cuisson 2 à 3 minutes.

Étendre la farce sur les escalopes, rouler serré et envelopper chaque escalope dans une feuille de vigne double. Attacher avec des cure-dents.

Placer sur la grille chaude. Badigeonner du mélange d'huile et de jus de citron. Couvrir partiellement et faire cuire 12 à 14 minutes en retournant fréquemment.

Servir avec une sauce barbecue piquante.

Longe de veau farcie

(pour 4 personnes)

1 PORTION	462 CALORIES	20g GLUCIDES
55g PROTÉINES	17g LIPIDES	0,5g FIBRES

2	longes de veau, 375 g (¾ livre)
284 ml	(10 oz) mandarines en conserve, en sections
30 ml	(2 c. à soupe) miel
30 ml	(2 c. à soupe) beurre
1	oignon, finement haché
150 g	(⅓ livre) champignons frais, finement hachés
2 ml	(½ c. à thé) estragon
30 ml	(2 c. à soupe) fromage ricotta
15 ml	(1 c. à soupe) chapelure sel et poivre

Préchauffer le barbecue à FORT.

Dégraisser le veau. Couper chaque longe en deux sur la longueur pour les farcir, tel qu'indiqué dans la technique.

Égoutter les mandarines et les mettre de côté. Verser le jus dans une petite casserole et ajouter le miel; faire chauffer 15 minutes à feu vif. Retirer du feu. Laisser refroidir.

Faire chauffer le beurre dans une casserole. Ajouter l'oignon; faire cuire 2 minutes à feu moyen.

Ajouter champignons et épices; faire cuire 4 minutes à feu vif. Retirer du feu et incorporer fromage et chapelure.

Étendre la farce sur les deux côtés de la viande et y placer un rang de mandarines. Fermer et ficeler.

Badigeonner les longes du mélange de miel. Placer sur la grille chaude et couvrir partiellement. Faire cuire 30 minutes en retournant fréquemment. Badigeonner de temps en temps du mélange de miel.

Faire chauffer le reste des mandarines et le mélange de miel dans une petite casserole. Verser sur les longes farcies avant de servir.

Dégraisser la longe de veau.

Étendre la farce cuite sur les deux côtés de la viande. Ajouter un rang de mandarines.

Couper chaque longe en deux sur la longueur pour les farcir.

Fermer et ficeler.

Escalopes de veau au cari

(pour 4 personnes)

1 PORTION	337 CALORIES	8g GLUCIDES
34g PROTÉINES	14g LIPIDES	0,7g FIBRES

250 ml	(1 tasse) vin blanc sec
45 ml	(3 c. à soupe) huile d'olive
250 ml	(1 tasse) sauce tomate
2 ml	(½ c. à thé) graines de carvi
15 ml	(1 c. à soupe) poudre de cari
1	gousse d'ail, écrasée et hachée
4	grandes escalopes de veau
	sel et poivre

Préchauffer le barbecue à FORT.

Amener le vin à ébullition dans une petite casserole; faire chauffer 3 minutes à feu moyen.

Incorporer huile, sauce tomate, épices et ail; laisser mijoter 3 à 4 minutes.

Badigeonner généreusement les escalopes du mélange. Rouler serré et attacher avec des cure-dents. Badigeonner à nouveau de marinade.

Placer sur la grille chaude. Faire cuire 8 à 10 minutes en retournant fréquemment. Badigeonner de temps en temps et assaisonner au goût.

Côtes de veau à l'ail

(pour 4 personnes)

1 PORTION	370 CALORIES	1g GLUCIDES
37g PROTÉINES	23g LIPIDES	trace FIBRES

250 g	(½ livre) beurre mou
2	gousses d'ail, écrasées et hachées
15 ml	(1 c. à soupe) persil frais haché
15 ml	(1 c. à soupe) poivre vert en grains, écrasé
1 ml	(¼ c. à thé) jus de citron
4	côtes de veau, 1,2 cm (½ po) d'épaisseur
	sel et poivre

Préchauffer le barbecue à FORT.

Mettre beurre, ail, persil, poivre vert et jus de citron dans un robot culinaire. Saler et bien mélanger pour obtenir un mélange onctueux. Faire fondre 75 ml (⅓ tasse) du beurre à l'ail et placer le restant dans un papier d'aluminium. Placer au réfrigérateur et utiliser dans d'autres recettes.

Placer les côtes de veau sur la grille chaude et les badigeonner de beurre à l'ail fondu. Couvrir partiellement et faire cuire 8 minutes. Retourner 2 à 3 fois durant la cuisson. Badigeonner fréquemment et saler, poivrer au goût.

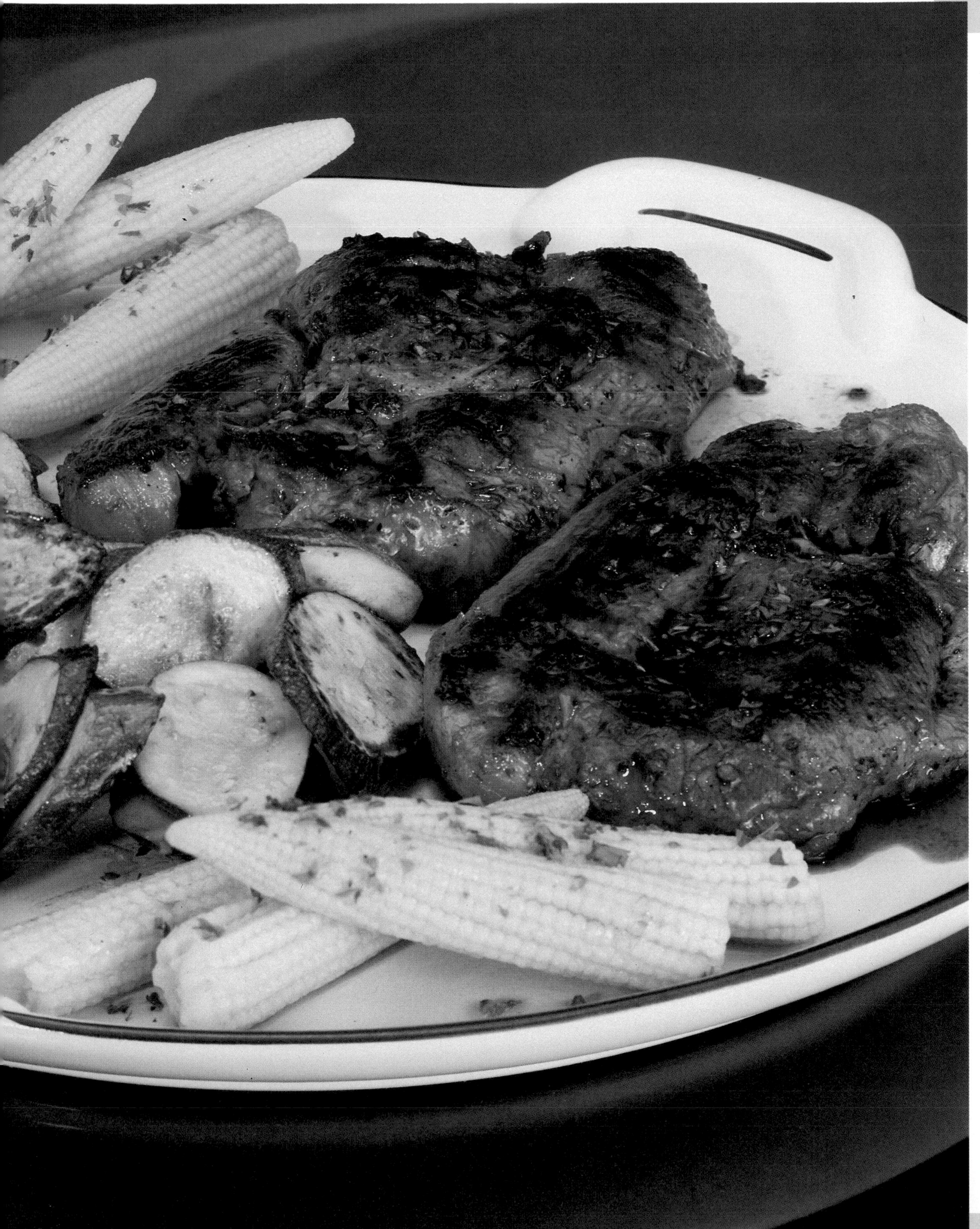

Bouchées de veau

(pour 4 personnes)

1 PORTION	556 CALORIES	1g GLUCIDES
68g PROTÉINES	29g LIPIDES	--g FIBRES

12	petits cubes de fromage gruyère
12	carrés de 4 po (10 cm) d'escalope de veau, assaisonnés
45 ml	(3 c. à soupe) beurre fondu
	sel et poivre

Préchauffer le barbecue à FORT.

Envelopper chaque cube de fromage dans une escalope de veau. Attacher avec un cure-dents.

Badigeonner de beurre et placer sur la grille chaude. Faire cuire 3 minutes de chaque côté ou selon l'épaisseur. Assaisonner généreusement.

Si désiré, servir avec une sauce aux câpres.

Sauce aux câpres pour veau

1 PORTION	172 CALORIES	12g GLUCIDES
4g PROTÉINES	13g LIPIDES	0,8g FIBRES

15 ml	(1 c. à soupe) beurre
2	échalotes sèches, hachées
45 ml	(3 c. à soupe) câpres
30 ml	(2 c. à soupe) vinaigre
300 ml	(1¼ tasse) sauce blanche chaude
15 ml	(1 c. à soupe) pâte de tomates
	sel et poivre

Faire chauffer le beurre dans une petite casserole à feu moyen. Ajouter échalotes, câpres et vinaigre; faire chauffer 2 minutes à feu vif.

Incorporer sauce blanche et pâte de tomates; rectifier l'assaisonnement. Faire cuire 5 à 6 minutes à feu doux.

Servir avec le veau barbecue.

Hamburger au veau

(pour 4 personnes)

1 PORTION	593 CALORIES	34g GLUCIDES
51g PROTÉINES	27g LIPIDES	0,6g FIBRES

50 ml	(¼ tasse) beurre fondu
8	petits médaillons de veau, ¼ po (0,65 cm) d'épaisseur
4	petits pains «kaiser»
4	tranches de tomate
4	tranches de fromage mozzarella
	sel

Préchauffer le barbecue à DOUX.

Badigeonner de beurre les médaillons de veau. Placer sur la grille chaude; faire cuire 2 à 3 minutes de chaque côté. Bien assaisonner.

Retirer et placer chaque médaillon sur un demi-pain. Couronner d'une tranche de tomate et de fromage. Fermer chaque hamburger.

Presser légèrement pour bien faire tenir les hamburgers et placer sur la grille chaude. Faire cuire 2 minutes de chaque côté.

Servir avec des frites.

Côtes d'aloyau Bahamas

(pour 4 personnes)

1 PORTION	348 CALORIES	22g GLUCIDES
36g PROTÉINES	13g LIPIDES	trace FIBRES

250 ml	(1 tasse) ketchup
125 ml	(½ tasse) vinaigre de vin
2	gousses d'ail, écrasées et hachées
1	oignon râpé
60 ml	(4 c. à soupe) beurre
5 ml	(1 c. à thé) sauce Tabasco
15 ml	(1 c. à soupe) moutarde sèche
4	côtes d'aloyau, dégraissées
	sel et poivre
	jus de 3 limettes

Préchauffer le barbecue à FORT.

Mettre ketchup, vinaigre, ail et oignons dans une casserole; bien mélanger.

Ajouter beurre, sauce Tabasco, moutarde, sel, poivre et jus de limette. Amener à ébullition à feu moyen-vif. Continuer la cuisson 4 à 5 minutes.

Retirer la casserole du feu. Étendre le mélange sur la viande. Placer sur la grille chaude et faire cuire 8 à 10 minutes ou au goût. Retourner les steaks 3 à 4 fois. Assaisonner au goût et badigeonner de temps en temps.

Surprise d'agneau

(pour 4 personnes)

1 PORTION	533 CALORIES	11g GLUCIDES
58g PROTÉINES	27g LIPIDES	0,6g FIBRES

12	cubes d'agneau, 4 cm (1½ po) d'épaisseur
12	cubes de mozzarella, 4 cm (1½ po) d'épaisseur
250 ml	(1 tasse) sauce barbecue piquante
1 ml	(¼ c. à thé) paprika
1 ml	(¼ c. à thé) sauge
12	feuilles de vigne
	sel et poivre

Préchauffer le barbecue à FORT.

Saler, poivrer l'agneau. Placer un morceau de fromage sur chaque cube de viande. Badigeonner de sauce piquante et saupoudrer d'épices.

Envelopper dans une feuille de vigne et attacher avec des cure-dents. Placer les petits paquets sur la grille chaude et faire cuire 10 à 12 minutes. Retourner fréquemment et assaisonner au goût.

Servir comme amuse-gueule.

Steaks d'agneau et marinade sucrée

(pour 4 personnes)

1 PORTION	318 CALORIES	11g GLUCIDES
35g PROTÉINES	14g LIPIDES	trace FIBRES

Marinade

30 ml	(2 c. à soupe) sirop d'érable
30 ml	(2 c. à soupe) vinaigre de vin
5 ml	(1 c. à thé) persil frais haché
1 ml	(¼ c. à thé) anis en poudre
1 ml	(¼ c. à thé) graines de céleri
1 ml	(¼ c. à thé) marjolaine
2	gousses d'ail, écrasées et hachées
	jus de 1 orange

Recette

4	steaks d'agneau (du gigot), 1,2 cm (½ po) d'épaisseur
30 ml	(2 c. à soupe) huile sel et poivre

Préchauffer le barbecue à FORT.

Bien incorporer tous les ingrédients de la marinade. Verser sur l'agneau et réfrigérer 2 heures.

Badigeonner les steaks d'agneau d'huile et les placer sur la grille chaude. Faire cuire 10 à 12 minutes ou au goût. Retourner 3 fois durant la cuisson. Bien assaisonner et badigeonner de temps en temps du reste de marinade.

Servir avec des légumes.

Demandez à votre boucher de couper les steaks d'agneau, une scie étant nécessaire pour couper l'os central.

Mettre sirop d'érable, vinaigre, persil et jus d'orange dans un bol.

 Ajouter épices et ail; bien mélanger avec un fouet.

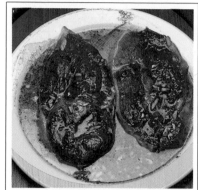 Verser sur l'agneau et réfrigérer 2 heures.

Roulade d'agneau

(pour 4 personnes)

1 PORTION	287 CALORIES	5g GLUCIDES
38g PROTÉINES	12g LIPIDES	1,0g FIBRES

8	côtelettes d'agneau, désossées
1	oignon, haché et cuit
30 ml	(2 c. à soupe) poivre vert en grains
15 ml	(1 c. à soupe) coriandre
	sel et poivre
	huile pour badigeonner

Préchauffer le barbecue à MOYEN.

Retirer le surplus de gras des côtelettes. Placer les côtelettes entre deux feuilles de papier ciré et les aplatir avec un maillet. Assaisonner légèrement.

Répartir oignon, poivre vert et coriandre entre les côtelettes. Rouler et envelopper dans du papier d'aluminium, tel qu'indiqué dans la technique. Réfrigérer 12 heures.

Retirer les côtelettes du papier et les badigeonner d'huile. Placer sur la grille chaude; couvrir et faire cuire 14 à 16 minutes. Retourner au minimum 4 fois durant la cuisson.

Retirer le surplus de gras des côtelettes.

Répartir oignon, poivre vert et coriandre entre les côtelettes.
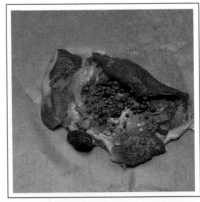

Placer entre deux feuilles de papier ciré et aplatir avec un maillet. Assaisonner légèrement.
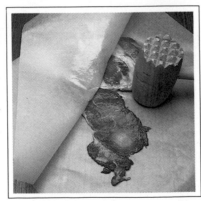

Rouler et envelopper dans du papier d'aluminium. Réfrigérer 12 heures.

Roulade d'agneau aux rognons

(pour 4 personnes)

1 PORTION	380 CALORIES	5g GLUCIDES
46g PROTÉINES	18g LIPIDES	trace FIBRES

4	rognons d'agneau, dégraissés, lavés et très finement hachés
60 ml	(4 c. à soupe) chapelure
15 ml	(1 c. à soupe) persil frais haché
4	escalopes d'agneau
45 ml	(3 c. à soupe) beurre fondu
	sel et poivre

Préchauffer le barbecue à MOYEN.

Bien incorporer rognons, chapelure, persil et poivre. Étendre sur l'agneau, rouler et attacher avec des cure-dents.

Badigeonner les rouleaux de beurre fondu et assaisonner généreusement. Placer sur la grille chaude; faire cuire 13 à 15 minutes ou au goût. Retourner fréquemment. Rectifier l'assaisonnement.

Servir avec une julienne de légumes.

Côtelettes d'agneau au romarin et à la menthe

(pour 4 personnes)

1 PORTION	321 CALORIES	4g GLUCIDES
37g PROTÉINES	17g LIPIDES	trace FIBRES

125 ml	(½ tasse) sauce à la menthe commerciale
5 ml	(1 c. à thé) romarin
30 ml	(2 c. à soupe) huile végétale
8	côtelettes d'agneau, dégraissées
	sel et poivre

Préchauffer le barbecue à FORT.

Mettre sauce à la menthe, romarin et huile dans un plat profond; remuer avec un fouet. Ajouter l'agneau; laisser mariner 30 minutes.

Placer les côtelettes sur la grille chaude; faire cuire 8 minutes ou selon la grosseur et le goût. Retourner 2 fois durant la cuisson et bien assaisonner.

Servir avec des haricots verts.

Côtelettes d'agneau Liza

(pour 4 personnes)

1 PORTION	303 CALORIES	2g GLUCIDES
29g PROTÉINES	19g LIPIDES	trace FIBRES

50 ml	(¼ tasse) huile
15 ml	(1 c. à soupe) romarin
30 ml	(2 c. à soupe) persil frais haché
15 ml	(1 c. à soupe) poivre moulu
1	gousse d'ail, écrasée et hachée
8	côtelettes d'agneau, désossées
	sel

Préchauffer le barbecue à MOYEN.

Mélanger huile, épices et ail. Badigeonner généreusement l'agneau du mélange.

Placer sur la grille chaude; faire cuire 12 à 15 minutes en retournant et badigeonnant fréquemment.

Servir avec des légumes.

Rognons d'agneau

(pour 4 personnes)

1 PORTION	189 CALORIES	5g GLUCIDES
21g PROTÉINES	7g LIPIDES	trace FIBRES

8	rognons d'agneau
15 ml	(1 c. à soupe) beurre
3	échalotes sèches hachées
15 ml	(1 c. à soupe) persil frais haché
125 ml	(½ tasse) vin blanc sec
15 ml	(1 c. à soupe) pâte de tomates
	sel et poivre

Préchauffer le barbecue à FORT.

Dégraisser les rognons, les rincer à l'eau froide et les couper en deux. Mettre de côté.

Faire chauffer le beurre dans une casserole à feu moyen. Ajouter les échalotes; faire cuire 2 minutes.

Incorporer persil et vin; amener à ébullition. Continuer la cuisson 3 minutes.

Retirer la casserole du feu et incorporer la pâte de tomates. Laisser refroidir légèrement.

Badigeonner les rognons du mélange et les placer sur la grille chaude. Faire cuire 4 à 5 minutes de chaque côté en badigeonnant fréquemment. Assaisonner au goût.

Cubes d'agneau en brochettes

(pour 4 personnes)

1 PORTION	684 CALORIES	2g GLUCIDES
72g PROTÉINES	42g LIPIDES	trace FIBRES

Marinade

125 ml	(½ tasse) huile d'olive
2	gousses d'ail, écrasées et hachées
15 ml	(1 c. à soupe) romarin
2 ml	(½ c. à thé) chili en poudre
15 ml	(1 c. à soupe) poudre de cari

Recette

1,4 kg	(3 livres) gigot d'agneau, en cubes
	sel et poivre

Préchauffer le barbecue à FORT.

Mélanger tous les ingrédients de la marinade. Verser sur les cubes d'agneau et réfrigérer 2 heures.

Enfiler les cubes sur des brochettes. Placer sur la grille chaude et faire cuire 8 à 10 minutes ou au goût. Retourner 4 à 5 fois durant la cuisson. Badigeonner et assaisonner au goût.

Servir sur du riz.

London Broil à l'agneau

(pour 4 personnes)

1 PORTION	824 CALORIES	3g GLUCIDES
70g PROTÉINES	57g LIPIDES	trace FIBRES

500 g	(1 livre) agneau haché
250 g	(½ livre) porc maigre haché
250 g	(½ livre) veau maigre haché
1	oignon, haché et cuit
2	gousses d'ail, écrasées et hachées
15 ml	(1 c. à soupe) persil frais haché
1	œuf
4	lanières de surlonge de bœuf, 25 cm (10 po) de longueur
	sel et poivre

Préchauffer le barbecue à MOYEN.

Bien incorporer viandes, oignon, ail, persil et œuf dans un malaxeur.

Former 4 hamburger steaks. Enrouler une lanière de bœuf autour de chaque steak. Attacher avec un cure-dents.

Placer sur la grille chaude; faire cuire 12 à 14 minutes ou au goût. Retourner quatre fois et assaisonner au goût durant la cuisson.

Si désiré, servir avec une sauce trempette au soya.

Sauce trempette au soya

1 PORTION	47 CALORIES	11g GLUCIDES
.7g PROTÉINES	--g LIPIDES	--g FIBRES

125 ml	(½ tasse) eau
60 ml	(4 c. à soupe) sucre granulé
15 ml	(1 c. à soupe) miel
30 ml	(2 c. à soupe) sauce soya
5 ml	(1 c. à thé) fécule de maïs
30 ml	(2 c. à soupe) eau froide

Mettre 125 ml (½ tasse) d'eau, sucre, miel et soya dans une casserole; faire cuire 3 minutes à feu moyen.

Délayer fécule de maïs et 30 ml (2 c. à soupe) d'eau froide. Incorporer à la sauce; faire chauffer 1 minute.

Retirer du feu. Servir avec de l'agneau.

Carré d'agneau

(pour 4 personnes)

1 PORTION	712 CALORIES	4g GLUCIDES
50g PROTÉINES	48g LIPIDES	trace FIBRES

30 ml	(2 c. à soupe) beurre
30 ml	(2 c. à soupe) persil frais haché
2	échalotes sèches, finement hachées
1	gousse d'ail, écrasée et hachée
30 ml	(2 c. à soupe) chapelure
2	carrés d'agneau, de 500 g (1 livre) chacun
	sel et poivre
	huile pour badigeonner

Préchauffer le barbecue à MOYEN.

Mélanger beurre, persil et échalotes. Ajouter ail et chapelure; bien assaisonner. Mettre de côté.

Préparer l'agneau en retirant le gras entre les côtes. Recouvrir les os de papier d'aluminium pour les empêcher de noircir pendant la cuisson.

Badigeonner l'agneau d'huile. Placer sur le barbecue, le côté des os touchant la grille chaude. Couvrir partiellement et cuire 15 minutes; retourner 1 fois. Assaisonner au goût.

Continuer la cuisson, partiellement couvert, pendant 30 minutes. Retourner fréquemment et badigeonner d'huile.

2 minutes avant la fin de la cuisson, étendre le mélange de beurre sur l'agneau.

Servir avec des pommes de terre.

Préparer l'agneau en retirant le gras entre les côtes.

Recouvrir les os de papier d'aluminium pour les empêcher de noircir pendant la cuisson.

Badigeonner d'huile et placer sur le barbecue, le côté des os touchant la grille chaude.

2 minutes avant la fin de la cuisson, étendre le mélange de beurre sur l'agneau.

Médaillons de porc barbecue

(pour 4 personnes)

1 PORTION	642 CALORIES	17g GLUCIDES
70g PROTÉINES	27g LIPIDES	trace FIBRES

Marinade

50 ml	(¼ tasse) sauce soya
125 ml	(½ tasse) sherry
30 ml	(2 c. à soupe) miel
15 ml	(1 c. à soupe) cassonade
1	gousse d'ail, écrasée et hachée
30 ml	(2 c. à soupe) gingembre frais haché
	jus de ½ citron
	sel et poivre

Recette

900 g	(2 livres) filet de porc dégraissé, coupé en médaillons de 4 cm (1½ po)

Préchauffer le barbecue à MOYEN.

Mélanger les ingrédients de la marinade dans un grand bol. Ajouter le porc; laisser mariner 20 minutes.

Placer les médaillons sur la grille chaude. Faire cuire 2 à 3 minutes de chaque côté en badigeonnant fréquemment. Assaisonner au goût.

Filet de porc grillé

(pour 4 personnes)

1 PORTION	303 CALORIES	1g GLUCIDES
26g PROTÉINES	21g LIPIDES	trace FIBRES

30 ml	(2 c. à soupe) huile
2	gousses d'ail, écrasées et hachées
15 ml	(1 c. à soupe) sauce soya
15 ml	(1 c. à soupe) jus de citron
2	filets de porc, dégraissés
	sel et poivre

Préchauffer le barbecue à FORT.

Mélanger huile, ail, soya et jus de citron dans un bol. Mettre de côté.

Couper chaque filet sur la longueur, aux ¾ de leur épaisseur. Ouvrir en papillon.

Entailler la chair des deux côtés. Badigeonner du mélange de citron. Placer sur la grille chaude et couvrir partiellement. Faire cuire 8 à 10 minutes de chaque côté. Badigeonner de temps en temps et retourner 3 à 4 fois pendant la cuisson. Saler, poivrer.

Trancher les filets cuits. Servir avec riz sauvage et champignons.

Boulettes de porc

(pour 4 personnes)

1 PORTION	651 CALORIES	8g GLUCIDES
36g PROTÉINES	52g LIPIDES	trace FIBRES

125 ml	(½ tasse) mie de pain hachée
750 g	(1½ livre) porc maigre haché
1	oignon, haché et cuit
15 ml	(1 c. à soupe) persil frais haché
15 ml	(1 c. à soupe) menthe fraîche hachée
1 ml	(¼ c. à thé) piment de la Jamaïque
1 ml	(¼ c. à thé) chili en poudre
1	œuf
45 ml	(3 c. à soupe) huile d'olive
2	gousses d'ail, écrasées et hachées
	jus de citron
	sel et poivre

Préchauffer le barbecue à DOUX.

Bien mélanger mie de pain, porc, oignon, épices et œuf dans un malaxeur.

Former des petites boulettes et les enfiler sur des brochettes. Mettre de côté.

Mélanger le reste des ingrédients. Badigeonner les brochettes et les placer sur la grille chaude. Couvrir partiellement et faire cuire 8 minutes. Retourner fréquemment et badigeonner quelques fois.

Servir avec des frites.

Longe de porc à l'orange

(pour 4 personnes)

1 PORTION	693 CALORIES	33g GLUCIDES
47g PROTÉINES	38g LIPIDES	trace FIBRES

250 ml	(1 tasse) vin blanc sec
15 ml	(1 c. à soupe) miel
900 g	(2 livres) longe de porc désossée et dégraissée, la chair entaillée
15 ml	(1 c. à soupe) beurre
1	oignon, en dés
15 ml	(1 c. à soupe) vinaigre
284 ml	(10 oz) mandarines en conserve, en sections
250 ml	(1 tasse) sauce brune chaude
	jus de 2 oranges
	sel et poivre

Préchauffer le barbecue à DOUX.

Amener le vin à ébullition dans une petite casserole. Faire chauffer 2 minutes.

Incorporer miel et jus d'orange; faire chauffer 3 minutes.

Badigeonner le porc du mélange de miel. Placer la viande sur la grille chaude; couvrir partiellement et faire cuire 40 à 45 minutes selon la grosseur. Retourner fréquemment et badigeonner de temps en temps. Assaisonner au goût.

Entre-temps, faire chauffer le beurre dans une petite casserole. Ajouter l'oignon; faire cuire 3 minutes à feu moyen.

Incorporer le vinaigre et la moitié du jus des mandarines; faire chauffer 3 minutes.

Rectifier l'assaisonnement. Incorporer sauce brune et mandarines; laisser mijoter 3 à 4 minutes. Servir avec le porc tranché.

Côtelettes de porc à la bière

(pour 4 personnes)

1 PORTION	270 CALORIES	14g GLUCIDES
24g PROTÉINES	11g LIPIDES	0,5g FIBRES

Marinade

250 ml	(1 tasse) bière
15 ml	(1 c. à soupe) sauce tériyaki
2 ml	(½ c. à thé) piment de la Jamaïque
15 ml	(1 c. à soupe) pâte de tomates
	sel et poivre

Recette

4	côtelettes de porc, 2 cm (¾ po) d'épaisseur
2	pommes pelées, évidées et émincées
50 ml	(¼ tasse) ananas broyés
15 ml	(1 c. à soupe) beurre
2 ml	(½ c. à thé) cannelle

Préchauffer le barbebue à FORT.

Bien mélanger les ingrédients de la marinade. Verser sur le porc et laisser mariner 30 minutes.

Mettre pommes, ananas, beurre et cannelle dans une grande feuille de papier d'aluminium double. Former une poche et sceller les extrémités.

Égoutter et mettre les côtelettes sur la grille chaude ainsi que la poche d'aluminium; couvrir et faire cuire 8 à 10 minutes ou au goût.

Retourner les côtelettes 3 à 4 fois durant la cuisson. Badigeonner et bien assaisonner. Retourner la poche une fois.

Servir.

1 Retirer le surplus de gras des côtelettes.

2 Mettre bière, sauce tériyaki et piment de la Jamaïque dans un bol.

3 Ajouter la pâte de tomates; bien mélanger.

4 Laisser mariner les côtelettes de porc 30 minutes.

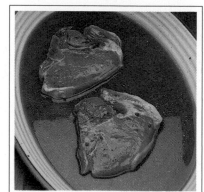

Côtelettes de porc et relish de mangue

(pour 4 personnes)

1 PORTION	673 CALORIES	79g GLUCIDES
49g PROTÉINES	20g LIPIDES	0,1g FIBRES

1	mangue mûre
125 ml	(½ tasse) vinaigre de cidre
125 ml	(½ tasse) cassonade
125 g	(¼ livre) dattes dénoyautées
125 ml	(½ tasse) raisins de Smyrne
15 ml	(1 c. à soupe) gingembre frais haché
5 ml	(1 c. à thé) ail haché
50 ml	(¼ tasse) noix de coco râpée
8	côtelettes de porc, 2 cm (¾ po) d'épaisseur
	huile
	sel et poivre

Préchauffer le barbecue à FORT.

Couper la mangue en deux sur la longueur et retirer le noyau et les fibres. Couper la chair en dés et mettre de côté.

Amener rapidement à ébullition vinaigre et sucre dans une petite casserole. Réduire le feu et faire chauffer 4 à 5 minutes.

Ajouter les dattes et bien remuer. Incorporer raisins, gingembre, ail et mangue. Parsemer de noix de coco et saler légèrement. Faire cuire 20 minutes à feu doux.

Badigeonner les côtelettes d'huile. Placer sur la grille chaude et faire cuire 6 à 8 minutes ou selon l'épaisseur. Retourner 2 fois durant la cuisson et bien assaisonner.

Accompagner les côtelettes de relish de mangue.

Couper la mangue en deux sur la longueur. Retirer le noyau.

Retirer la partie fibreuse qui entoure le noyau. Couper la chair en dés. Mettre de côté.

Amener rapidement à ébullition vinaigre et sucre dans une petite casserole. Réduire le feu et faire chauffer 4 à 5 minutes.

Ajouter les dattes et bien remuer. Parsemer de noix de coco et saler légèrement. Faire cuire 20 minutes à feu doux.

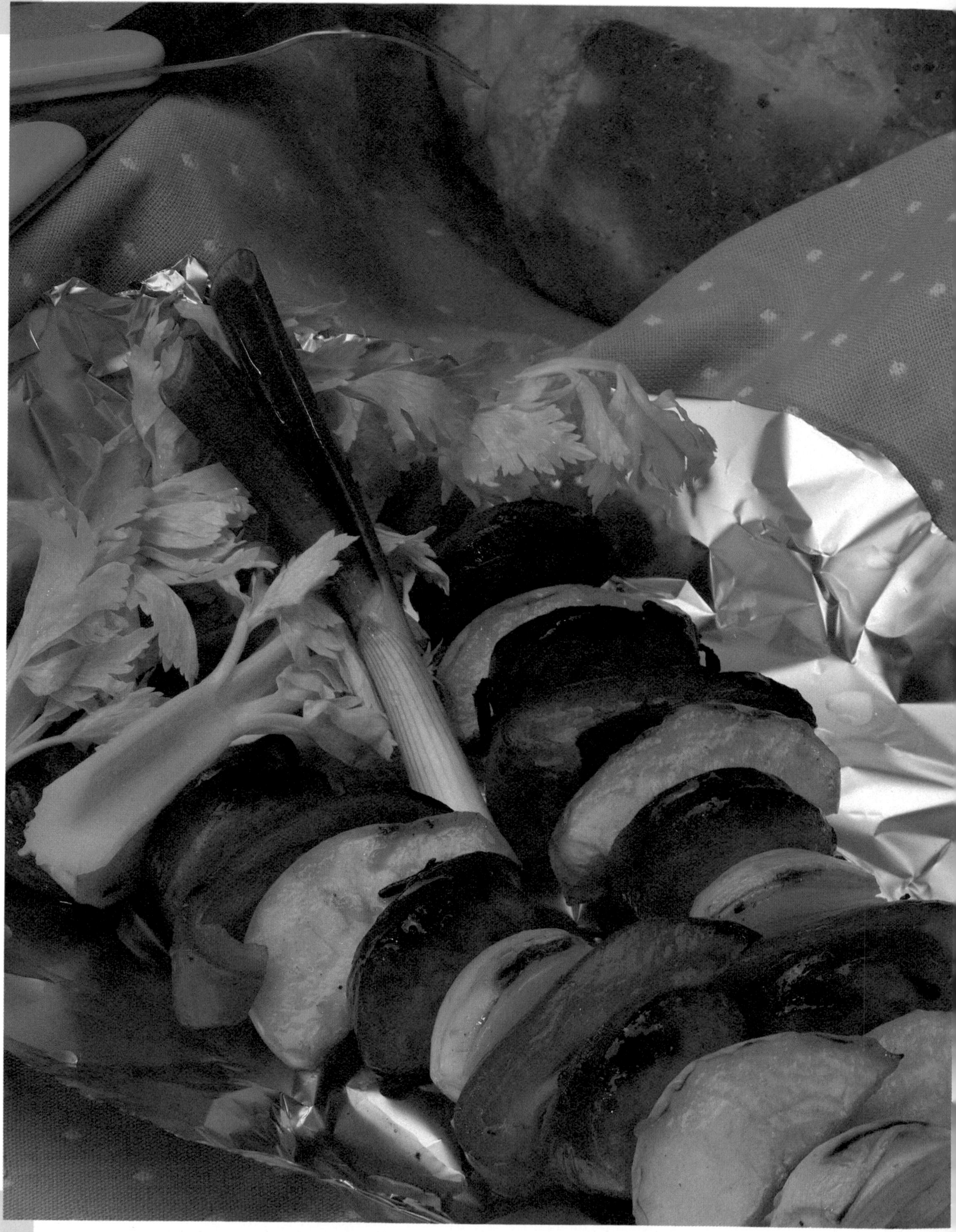

Brochettes de saucisse

(pour 4 personnes)

1 PORTION	530 CALORIES	33g GLUCIDES
19g PROTÉINES	36g LIPIDES	0,5g FIBRES

Marinade

125 ml	(½ tasse) vinaigre de cidre
30 ml	(2 c. à soupe) sirop de maïs
30 ml	(2 c. à soupe) mélasse
3	clous de girofle
2 ml	(½ c. à thé) canelle

Recette

500 g	(1 livre) saucisse polonaise, en tranches de 2 cm (¾ po) d'épaisseur
2	pommes avec la peau, en sections
1	piment rouge, en gros dés
4	petits oignons, coupés en deux
	sel et poivre

Préchauffer le barbecue à MOYEN.

Faire bouillir les ingrédients de la marinade 3 à 4 minutes dans une casserole.

Entre-temps, alterner saucisse, pomme, piment et oignon sur des brochettes. Placer dans un plat profond et arroser de marinade. Bien assaisonner et laisser mariner 10 à 12 minutes.

Retirer les brochettes du plat et les placer sur la grille chaude. Faire cuire 10 à 12 minutes en badigeonnant fréquemment. Retourner les brochettes 2 à 3 fois pendant la cuisson. Assaisonner.

Servir avec des bâtonnets de légumes frais.

Côtes levées sucrées

(pour 4 personnes)

1 PORTION	1189 CALORIES	24g GLUCIDES
53g PROTÉINES	146g LIPIDES	0,6g FIBRES

Marinade

2	gousses d'ail, écrasées et hachées
5 ml	(1 c. à thé) piment jalapeno finement haché
5 ml	(1 c. à thé) moutarde sèche
2 ml	(½ c. à thé) origan
2 ml	(½ c. à thé) romarin
45 ml	(3 c. à soupe) miel
250 ml	(1 tasse) sauce tomate
	jus de 2 oranges

Recette

1,6 kg	(3½ livres) côtes levées, environ 10 à 15 cm (4 à 6 po) de longueur
	sel et poivre

Préchauffer le barbecue à DOUX.

Faire chauffer tous les ingrédients de la marinade pendant 15 minutes à feu très doux.

Entre-temps, faire blanchir les côtes levées dans l'eau bouillante pendant 15 minutes.

Égoutter et badigeonner de marinade. Placer sur la grille chaude et couvrir partiellement; faire cuire 10 minutes ou selon la grosseur. Retourner fréquemment. Badigeonner de temps en temps et assaisonner au goût.

Si désiré, servir avec le reste de la marinade.

Côtelettes de porc aux piments

(pour 4 personnes)

1 PORTION	517 CALORIES	6g GLUCIDES
60g PROTÉINES	27g LIPIDES	1,0g FIBRES

5 ml	(1 c. à thé) origan
5 ml	(1 c. à thé) romarin
2	gousses d'ail, écrasées et hachées
5 ml	(1 c. à thé) miel
2 ml	(½ c. à thé) huile d'olive
4	grosses côtelettes de porc, dégraissées
30 ml	(2 c. à soupe) huile végétale
4	piments doux, coupés en deux et épépinés
	sel et poivre

Préchauffer le four à MOYEN.

Mélanger épices, ail, miel et huile. Étendre sur les côtelettes.

Placer les côtelettes sur la grille chaude; faire cuire 15 à 18 minutes ou selon l'épaisseur. Assaisonner et retourner de temps en temps.

Badigeonner les piments d'huile végétale; faire cuire 3 à 4 minutes au barbecue.

Servir avec les côtelettes de porc.

Demi-poulet barbecue

(pour 2 personnes)

1 PORTION	1311 CALORIES	14g GLUCIDES
124g PROTÉINES	77g LIPIDES	trace FIBRES

Marinade

125 ml	(½ tasse) vin blanc sec
50 ml	(¼ tasse) jus de citron
1	gousse d'ail, écrasée et hachée
5 ml	(1 c. à thé) estragon
1 ml	(¼ c. à thé) paprika
15 ml	(1 c. à soupe) gingembre frais haché
30 ml	(2 c. à soupe) huile
15 ml	(1 c. à soupe) miel
	sel et poivre

Recette

1,4 kg	(3 livres) poulet nettoyé et coupé en deux

Préchauffer le barbecue à DOUX.

Bien incorporer tous les ingrédients de la marinade. Mettre de côté.

Préparer les demi-poulets tel qu'indiqué dans la technique.

Placer les demi-poulets dans un grand plat à rôtir et les arroser de marinade. Réfrigérer 30 minutes.

Placer les demi-poulets sur le barbecue, l'os touchant la grille chaude. Couvrir et faire cuire 30 minutes. Badigeonner et assaisonner de temps en temps mais sans retourner le poulet.

Puis retourner le poulet; couvrir et faire cuire 30 minutes. Badigeonner de temps en temps et retourner fréquemment.

1 Couper le poulet en deux.

3 Pousser la cuisse dans l'incision. De cette façon le poulet ne se déformera pas pendant la cuisson.

2 À l'aide d'un couteau à légumes, faire une incision dans la chair. L'incision doit être assez grande pour y passer un doigt.

4 Laisser le poulet mariner au réfrigérateur pendant 30 minutes avant la cuisson.

Poitrine de poulet à la diable

(pour 4 personnes)

1 PORTION	321 CALORIES	12g GLUCIDES
29g PROTÉINES	15g LIPIDES	0,7g FIBRES

125 ml	(½ tasse) vin blanc sec
30 ml	(2 c. à soupe) vinaigre de vin rouge
2	échalotes sèches hachées
45 ml	(3 c. à soupe) poivre vert en grains
300 ml	(1¼ tasse) sauce brune chaude
2	poitrines de poulet, sans peau, désossées et coupées en deux
	sel et poivre

Préchauffer le barbecue à MOYEN.

Faire chauffer vin, vinaigre et échalotes dans une petite casserole à feu vif; amener à ébullition. Continuer la cuisson 4 à 5 minutes à feu moyen.

Ajouter poivre vert et sauce brune; rectifier l'assaisonnement. Amener rapidement à ébullition et retirer du feu.

Assaisonner et badigeonner les poitrines de sauce. Placer sur la grille chaude; faire cuire 10 minutes de chaque côté. Retourner 4 à 5 fois durant la cuisson et badigeonner de temps en temps.

Servir avec une salade.

Poulet grillé aux anchois

(pour 4 personnes)

1 PORTION	416 CALORIES	trace GLUCIDES
30g PROTÉINES	32g LIPIDES	trace FIBRES

4	filets d'anchois, égouttés
125 ml	(½ tasse) beurre mou
5 ml	(1 c. à thé) raifort
2 ml	(½ c. à thé) jus de citron
2	poitrines de poulet sans peau, coupées en deux
	poivre de Cayenne au goût

Préchauffer le barbecue à MOYEN.

Assécher les filets d'anchois et les écraser dans un mortier. Ajouter beurre, raifort, jus de citron et poivre de Cayenne; bien incorporer.

Forcer le beurre d'anchois à travers une fine passoire avec le dos d'une cuiller. Étendre sur les deux côtés des poitrines. Placer 2 demi-poitrines dans une double feuille de papier d'aluminium et bien sceller le paquet. Répéter pour les autres poitrines.

Placer sur la grille chaude; couvrir et faire cuire 35 minutes. Retourner 2 fois durant la cuisson.

Retirer les poitrines du papier et les placer directement sur la grille chaude. Faire griller 5 minutes sans couvrir.

Note: durant la cuisson, un peu de sauce s'est accumulée dans le papier. Servir avec le poulet.

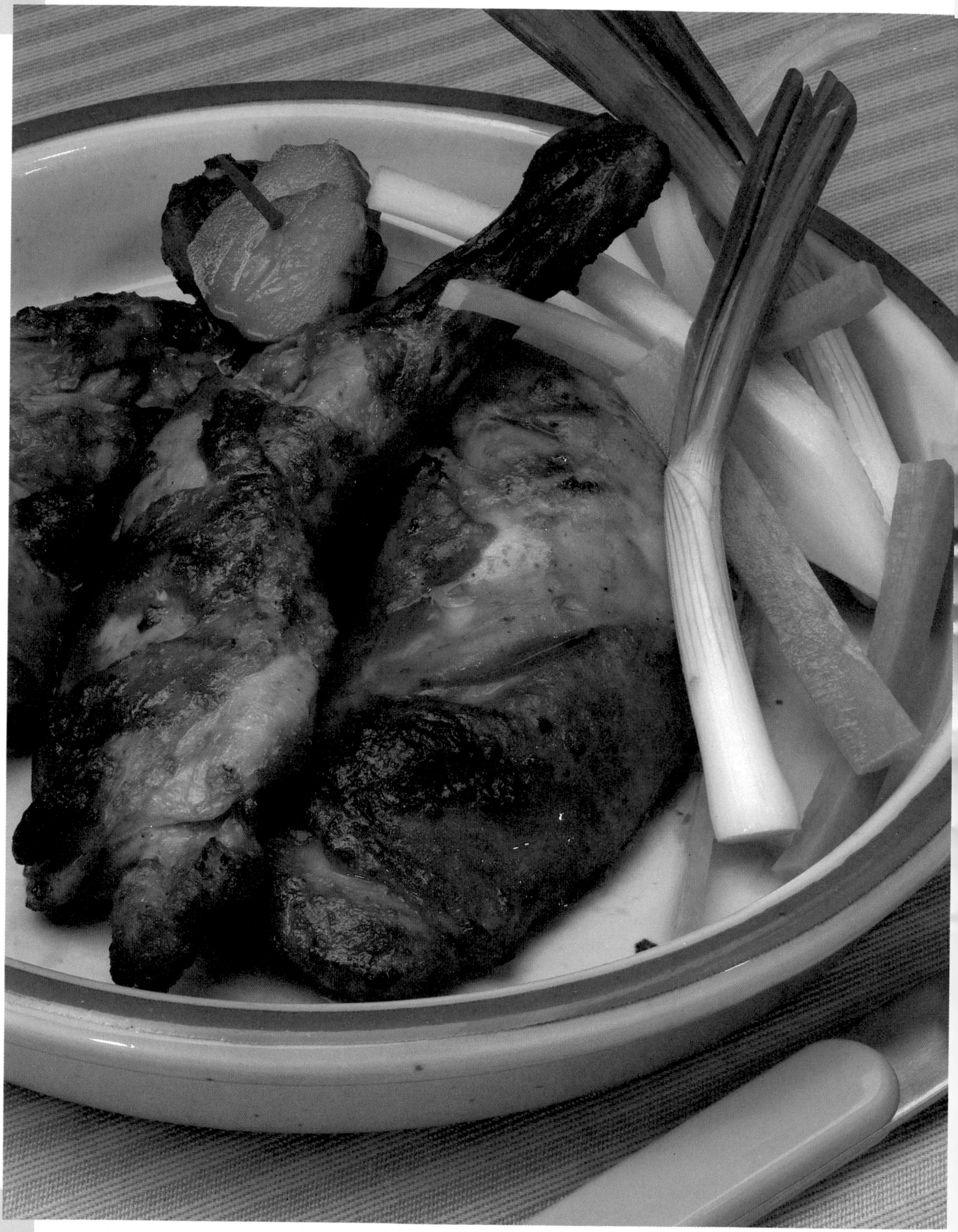

Cuisses de poulet à l'indienne

(pour 4 personnes)

1 PORTION	282 CALORIES	11g GLUCIDES
49g PROTÉINES	15g LIPIDES	trace FIBRES

4	cuisses de poulet
125 ml	(½ tasse) ketchup
50 ml	(¼ tasse) vinaigre de vin
1 ml	(¼ c. à thé) sauce Tabasco
125 ml	(½ tasse) jus de tomates aux palourdes
2	gousses d'ail, écrasées et hachées
1 ml	(¼ c. à thé) cumin
1 ml	(¼ c. à thé) poudre de cari
2 ml	(½ c. à thé) fines herbes
	paprika
	sel et poivre

Préchauffer le barbecue à FORT.

Entailler les cuisses de poulet et les saupoudrer de paprika. Mettre de côté.

Mettre ketchup, vinaigre, sauce Tabasco et jus de tomates aux palourdes dans un bol. Ajouter ail et épices; bien remuer avec un fouet.

Placer les cuisses sur la grille chaude. Badigeonner du mélange de ketchup. Faire cuire 5 minutes sans couvrir.

Retourner les cuisses et faire cuire 5 minutes de chaque côté en badigeonnant fréquemment. Assaisonner au goût.

Retourner les cuisses; couvrir et continuer la cuisson à DOUX pendant 27 minutes ou selon la grosseur. Badigeonner fréquemment et retourner les cuisses toutes les 4 à 5 minutes.

1 Entailler les cuisses de poulet pour que la marinade pénètre bien dans la chair. Assaisonner de paprika.

2 Mettre ketchup, vinaigre, sauce Tabasco et jus de tomates aux palourdes dans un bol. Ajouter ail et épices.

3 Bien mélanger avec un fouet.

4 Placer les cuisses de poulet sur la grille chaude; faire cuire 5 minutes. Badigeonner de marinade au ketchup.

Poulet
de Cornouailles

(pour 4 personnes)

1 PORTION	636 CALORIES	2g GLUCIDES
61g PROTÉINES	41g LIPIDES	trace FIBRES

3	gousses d'ail, écrasées et hachées
45 ml	(3 c. à soupe) huile végétale
30 ml	(2 c. à soupe) vinaigre de vin
15 ml	(1 c. à soupe) sauce tériyaki
4	poulets de Cornouailles, nettoyés et coupés en deux
	sel et poivre

Préchaufffer le barbecue à DOUX.

Mettre tous les ingrédients dans un plat à rôtir et laisser reposer 15 minutes.

Placer les demi-poulets sur le barbecue, les os touchant la grille chaude. Couvrir et faire cuire 35 à 40 minutes. Badigeonner de temps en temps, retourner fréquemment et assaisonner au goût.

Morceaux
de poulet
à l'ananas

(pour 4 personnes)

1 PORTION	714 CALORIES	15g GLUCIDES
79g PROTÉINES	20g LIPIDES	trace FIBRES

250 ml	(1 tasse) ananas broyés
30 ml	(2 c. à soupe) cassonade
250 ml	(1 tasse) rhum
2	limettes, coupées en 2
1,6 kg	(3½ livres) poulet sans la peau, coupé en morceaux
	sel et poivre

Préchauffer le barbecue à DOUX.

Mélanger ananas, cassonade et rhum dans une petite casserole; amener à ébullition à feu moyen-vif.

Frotter les limettes sur les morceaux de poulet. Verser le mélange d'ananas sur le poulet et réfrigérer 1 heure.

Placer les morceaux de poulet sur la grille chaude. Couvrir partiellement et faire cuire de la façon suivante:

chair blanche: 8 à 10 minutes de chaque côté
chair brune: 15 minutes de chaque côté

Assaisonner durant la cuisson et badigeonner de temps en temps.

Poulet à l'orange

(pour 4 personnes)

1 PORTION	573 CALORIES	45g GLUCIDES
62g PROTÉINES	15g LIPIDES	trace FIBRES

Marinade

1	oignon, finement haché
1	gousse d'ail, écrasée et hachée
125 ml	(½ tasse) ketchup
250 ml	(1 tasse) jus d'orange
125 ml	(½ tasse) marmelade d'oranges
30 ml	(2 c. à soupe) sauce soya

Recette

1,2 kg	(2½ livres) morceaux de poulet, nettoyés et sans peau
	sel et poivre

Préchauffer le barbecue à MOYEN.

Bien mélanger les ingrédients de la marinade dans une petite casserole; amener à ébullition.

Verser sur les morceaux de poulet; réfrigérer 4 heures.

Placer les morceaux de poulet sur la grille chaude. Couvrir partiellement et faire cuire de la façon suivante:

chair blanche: 8 à 10 minutes de chaque côté
chair brune: 15 minutes de chaque côté

Badigeonner de marinade et assaisonner pendant la cuisson.

Demi-poulet pour deux

(pour 2 personnes)

1 PORTION	1325 CALORIES	40g GLUCIDES
127g PROTÉINES	71g LIPIDES	0,7g FIBRES

Marinade

250 ml	(1 tasse) ketchup
75 ml	(⅓ tasse) eau
15 ml	(1 c. à soupe) huile
1½	oignon, finement haché
2	gousses d'ail, écrasées et hachées
30 ml	(2 c. à soupe) vinaigre
2 ml	(½ c. à thé) chili en poudre
2 ml	(½ c. à thé) gingembre moulu
	une pincée de sucre
	quelques gouttes de sauce Tabasco

Recette

1,4 kg	(3 livres) poulet, nettoyé et coupé en deux
	sel et poivre

Préchauffer le barbecue à DOUX.

Mélanger ketchup et eau; mettre de côté.

Faire chauffer l'huile dans une petite casserole. Ajouter oignon et ail; faire cuire 2 minutes à feu moyen.

Incorporer le mélange de ketchup. Ajouter le reste des ingrédients de la marinade. Amener à ébullition et faire cuire 2 à 3 minutes.

Placer les demi-poulets dans un grand plat à rôtir. Verser la sauce sur le poulet; réfrigérer 30 minutes.

Placer les demi-poulets sur le barbecue, les os touchant la grille chaude. Couvrir et faire cuire 30 minutes. Badigeonner et assaisonner de temps en temps mais sans retourner le poulet.

Retourner maintenant les demi-poulets; couvrir et continuer la cuisson 30 minutes. Badigeonner de temps en temps et retourner le poulet fréquemment.

Ailerons de poulet marinés

(pour 4 personnes)

1 PORTION	559 CALORIES	18g GLUCIDES
42g PROTÉINES	33g LIPIDES	0,5g FIBRES

24	ailerons de poulet
15 ml	(1 c. à soupe) huile de tournesol
2	piments cerises forts marinés, épépinés et finement hachés
1	piment vert, finement haché
2	gousses d'ail, écrasées et hachées
125 ml	(½ tasse) ananas broyés
50 ml	(¼ tasse) cassonade
15 ml	(1 c. à soupe) persil frais haché
30 ml	(2 c. à soupe) vinaigre
50 ml	(¼ tasse) vin blanc sec
30 ml	(2 c. à soupe) sauce soya
1 ml	(¼ c. à thé) paprika
	sel et poivre

Préchauffer le barbecue à FORT.

Retirer le bout des ailerons et les utiliser pour des bouillons ou d'autres recettes. Placer les ailerons dans un plat profond. Mettre de côté.

Faire chauffer l'huile dans une casserole à feu moyen. Ajouter piments et ail; faire cuire 3 minutes.

Incorporer ananas et cassonade; faire cuire 3 à 4 minutes.

Ajouter persil, vinaigre, vin, sauce soya et épices; continuer la cuisson 3 à 4 minutes.

Verser sur les ailerons; laisser mariner 20 minutes.

Égoutter les ailerons et les placer sur la grille chaude. Couvrir et faire cuire 14 à 16 minutes. Retourner 2 à 3 fois. Assaisonner au goût.

Servir avec une salade de nouilles.

Retirer le bout des ailerons et les utiliser pour des bouillons ou d'autres recettes. Mettre les ailerons dans un plat profond. Mettre de côté.

Faire cuire piments et ail 3 minutes dans l'huile chaude.

Incorporer ananas et cassonade; faire cuire 3 à 4 minutes.

Ajouter les autres ingrédients de la marinade et finir la cuisson. Verser sur les ailerons et laisser mariner 20 minutes.

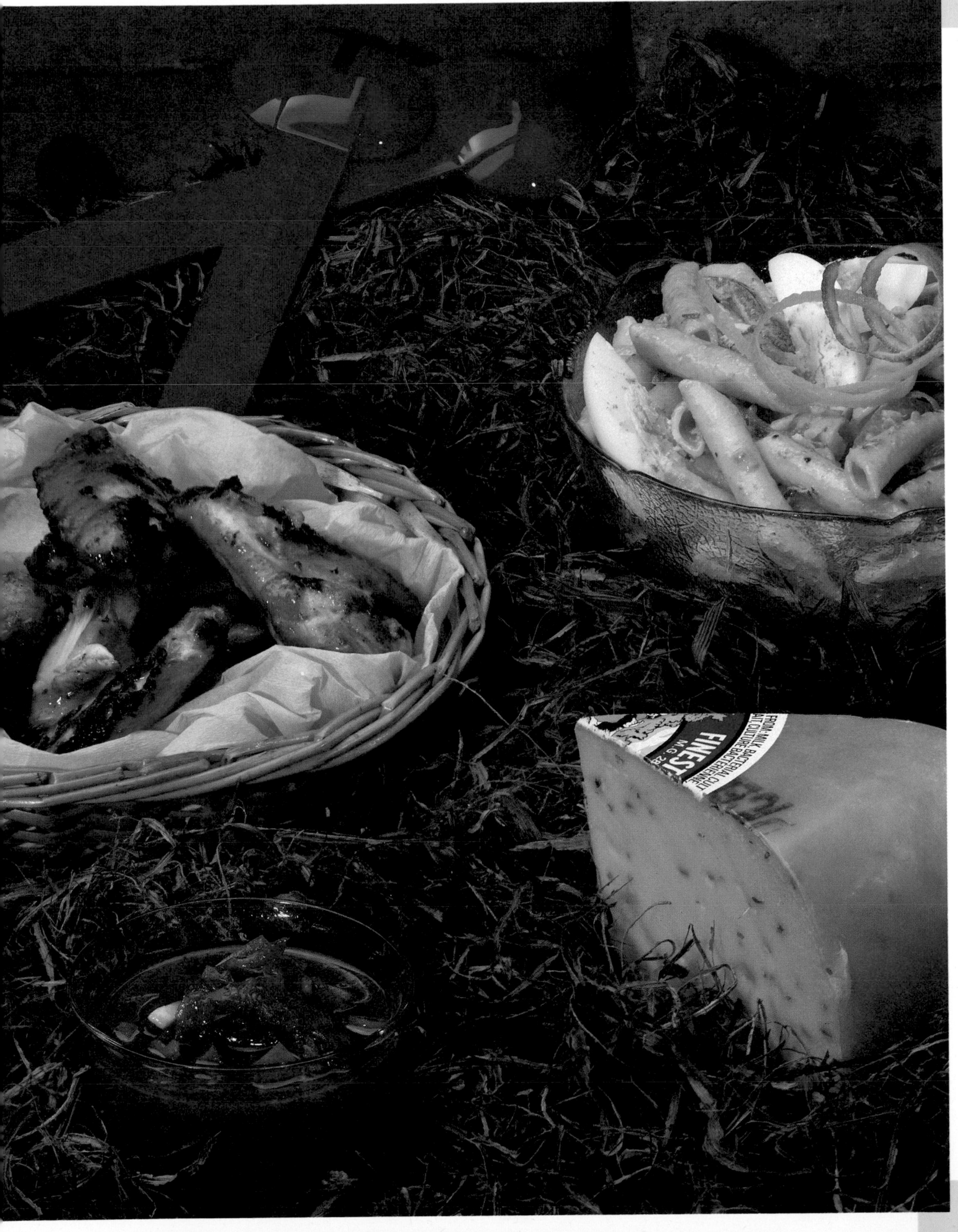
FROM: MILK, BACTERIAL
CULTURE BACTERIENNE
FINEST
M.G.

Lanières de poulet au cidre

(pour 4 personnes)

1 PORTION	447 CALORIES	9g GLUCIDES
62g PROTÉINES	13g LIPIDES	trace FIBRES

Marinade

375 ml	(1 ½ tasse) cidre
30 ml	(2 c. à soupe) huile
2	gousses d'ail, écrasées et hachées
2 ml	(½ c. à thé) estragon
30 ml	(2 c. à soupe) sirop d'érable

Recette

900 g	poitrines de poulet en lanières de 7,5 cm (3 po) de longueur
	sel et poivre

Préchauffer le barbecue à MOYEN.

Amener tous les ingrédients de la marinade à ébullition dans une petite casserole. Faire chauffer 2 minutes.

Verser sur les lanières de poulet; laisser mariner 25 minutes.

Placer les lanières sur la grille chaude. Faire cuire 4 à 5 minutes de chaque côté ou au goût. Badigeonner deux fois et assaisonner.

Servir avec des pommes de terre.

Ailerons de poulet au vin

(pour 4 personnes)

1 PORTION	616 CALORIES	8g GLUCIDES
42g PROTÉINES	36g LIPIDES	trace FIBRES

Marinade

500 ml	(2 tasses) vin rouge sec
30 ml	(2 c. à soupe) huile d'olive
1	gousse d'ail, écrasée et hachée
1	petit oignon émincé
1	carotte émincée
1	feuille de laurier

Recette

24	ailerons de poulet (sans la pointe)
	sel et poivre

Préchauffer le barbecue à FORT.

Bien mélanger les ingrédients de la marinade. Verser sur les ailerons; laisser mariner 10 à 12 minutes.

Égoutter les ailerons et les placer sur la grille chaude. Couvrir et faire cuire 14 à 16 minutes en retournant 2 à 3 fois. Assaisonner généreusement.

Servir avec des frites.

Filets de saumon et hollandaise

(pour 4 personnes)

1 PORTION	778 CALORIES	1g GLUCIDES
70g PROTÉINES	53g LIPIDES	trace FIBRES

30 ml	(2 c. à soupe) beurre fondu
5 ml	(1 c. à thé) graines de fenouil
4	filets de saumon, 250 g (8 oz) chacun
15 ml	(1 c. à soupe) eau chaude
30 ml	(2 c. à soupe) raifort
3	jaunes d'œufs
125 ml	(½ tasse) beurre fondu
	quelques gouttes de sauce Tabasco
	sel et poivre
	jus de citron

Préchauffer le barbecue à FORT.

Badigeonner 30 ml (2 c. à soupe) de beurre fondu sur les filets de saumon. Parsemer de graines de fenouil. Placer sur la grille chaude; faire cuire 5 à 6 minutes de chaque côté ou au goût.

Mélanger eau, raifort, jaunes d'œufs, sel, poivre et jus de citron dans un blender pendant 30 secondes à vitesse rapide.

Réduire la vitesse à faible et très lentement incorporer 125 ml (½ tasse) de beurre fondu. Continuer de mélanger jusqu'à ce que le beurre soit complètement incorporé. Rectifier l'assaisonnement.

Servir avec le saumon.

Queues de homard

(pour 4 personnes)

1 PORTION	413 CALORIES	4g GLUCIDES
36g PROTÉINES	14g LIPIDES	trace FIBRES

4	queues de homard (petites si possible)
8	grosses crevettes, décortiquées
8	gros pétoncles
60 ml	(4 c. à soupe) beurre fondu
15 ml	(1 c. à soupe) jus de citron
15 ml	(1 c. à soupe) sauce soya
1	gousse d'ail, écrasée et hachée
	sel et poivre

Préchauffer le barbecue à FORT.

Retirer la carapace des queues de homard. Mettre la chair dans un bol. Ajouter le reste des ingrédients; laisser mariner 15 minutes.

Enfiler les fruits de mer sur des brochettes de la façon suivante: crevette, pétoncle, homard, pétoncle, crevette.

Placer sur la grille chaude. Faire cuire 4 minutes de chaque côté ou selon la grosseur des queues de homard. Badigeonner et assaisonner au goût.

Queue de saumon suprême

(pour 4 personnes)

1 PORTION	563 CALORIES	3g GLUCIDES
48g PROTÉINES	39g LIPIDES	trace FIBRES

2	queues de saumon, 500 g (1 livre) chacune
30 ml	(2 c. à soupe) sauce teriyaki
2	gousses d'ail, écrasées et hachées
45 ml	(3 c. à soupe) huile d'olive
30 ml	(2 c. à soupe) jus de citron
	sel et poivre

Préchauffer le barbecue à MOYEN.

Glisser un couteau le long de l'épine dorsale du poisson. Retirer le premier morceau et mettre de côté. Glisser le couteau sous l'épine dorsale et trancher tout le long. Mettre le second morceau de côté. Jeter la partie comprenant l'os.

Bien mélanger le reste des ingrédients. Verser sur le poisson; laisser mariner 15 minutes.

Placer les morceaux de poisson sur le barbecue, le côté de la peau touchant la grille chaude; couvrir et faire cuire 14 à 16 minutes. Retourner 2 fois durant la cuisson et badigeonner occasionnellement. Assaisonner légèrement.

Glisser un couteau le long de l'épine dorsale du poisson. Mettre le premier morceau de côté.

Glisser le couteau sous l'épine dorsale et trancher tout le long. Mettre le second morceau de côté. Jeter la partie comprenant l'os.

Laisser mariner le poisson 15 minutes.

Placer le poisson sur le barbecue, le côté de la peau touchant la grille chaude.

Flet aux tomates

(pour 2 personnes)

1 PORTION	306 CALORIES	6g GLUCIDES
28g PROTÉINES	14g LIPIDES	2,0g FIBRES

2	grands filets de flet
12	tomates naines, coupées en deux
1	oignon haché
30 ml	(2 c. à soupe) sauce soya
30 ml	(2 c. à soupe) beurre fondu
5 ml	(1 c. à thé) jus de citron
	sel et poivre

Préchauffer le barbecue à FORT.

Placer tous les ingrédients dans une feuille de papier d'aluminium triple. Recouvrir d'une feuille simple et sceller les extrémités.

Placer sur la grille chaude; couvrir et faire cuire 7 minutes. Retourner et continuer la cuisson 8 minutes.

Flet aux légumes

(pour 4 personnes)

1 PORTION	224 CALORIES	20g GLUCIDES
26g PROTÉINES	5g LIPIDES	0,6g FIBRES

15 ml	(1 c. à soupe) huile végétale
2	oignons verts, hachés
2	pousses de bambou, hachées
15 ml	(1 c. à soupe) gingembre frais haché
1	petite carotte, pelée et émincée
15 ml	(1 c. à soupe) zeste de citron
300 ml	(1¼ tasse) bouillon de poulet chaud
30 ml	(2 c. à soupe) miel
30 ml	(2 c. à soupe) pâte de tomates
45 ml	(3 c. à soupe) vinaigre de vin
15 ml	(1 c. à soupe) fécule de maïs
45 ml	(3 c. à soupe) eau froide
4	filets de flet
	sel et poivre

Préchauffer le barbecue à FORT.

Faire chauffer l'huile dans une casserole. Ajouter oignons verts, bambou, gingembre, carotte et zeste; faire cuire 1 minute.

Saler, poivrer. Ajouter bouillon de poulet, miel, pâte de tomates et vinaigre; amener à ébullition. Continuer la cuisson 2 à 3 minutes.

Délayer la fécule de maïs dans l'eau froide. Incorporer à la sauce et faire cuire 1 minute.

Étendre le mélange sur les filets. Placer sur la grille chaude; couvrir partiellement et faire cuire 3 à 4 minutes de chaque côté ou selon la grosseur.

Truite arc-en-ciel assaisonnée

(pour 4 personnes)

1 PORTION	380 CALORIES	trace GLUCIDES
27g PROTÉINES	29g LIPIDES	--g FIBRES

4	truites arc-en-ciel, nettoyées
75 ml	(⅓ tasse) beurre fondu
15 ml	(1 c. à soupe) jus de citron
	une pincée de paprika
	quelques gouttes de sauce Tabasco
	sel et poivre

Préchauffer le four à FORT.

Il serait préférable d'utiliser une grille à poisson.

À l'aide de ciseaux, couper toutes les nageoires. Faire des entailles sur un côté du poisson avec un couteau bien affûté. Badigeonner de beurre fondu.

Assaisonner le poisson du reste des ingrédients et le placer sur la grille chaude. Faire cuire 6 minutes de chaque côté. Assaisonner au goût.

Bien évider et nettoyer les truites.

Faire des entailles sur un côté du poisson à l'aide d'un couteau bien affûté.

À l'aide de ciseaux, couper les nageoires.

Badigeonner de beurre fondu.

Brochettes de flétan et de crevettes

(pour 4 personnes)

1 PORTION	220 CALORIES	7g GLUCIDES
27g PROTÉINES	5g LIPIDES	trace FIBRES

Marinade

250 ml	(1 tasse) vin blanc sec
15 ml	(1 c. à soupe) jus de limette
30 ml	(2 c. à soupe) gingembre frais haché
2	gousses d'ail, écrasées et hachées
1 ml	(¼ c. à thé) piments broyés
30 ml	(2 c. à soupe) sauce soya
15 ml	(1 c. à soupe) huile végétale
	sel et poivre

Recette

375 g	(¾ livre) crevettes décortiquées et nettoyées
1	grand steak de flétan, en cubes

Préchauffer le barbebue à FORT.

Bien mélanger tous les ingrédients de la marinade dans un bol.

Ajouter crevettes et flétan; laisser mariner 30 minutes.

Enfiler crevettes et flétan sur des brochettes. Placer sur la grille chaude; couvrir et faire cuire 8 minutes. Retourner 2 fois, badigeonner de temps en temps et assaisonner au goût.

Servir avec des légumes.

Bien mélanger les ingrédients de la marinade dans un bol.

Décortiquer et retirer la veine noire des crevettes.

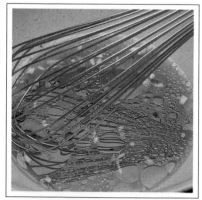

Placer crevettes et flétan dans la marinade; laisser mariner 30 minutes.

Enfiler crevettes et flétan sur les brochettes. Réserver la marinade pour badigeonner.

Pétoncles Cartagena

(pour 4 personnes)

1 PORTION	166 CALORIES	12g GLUCIDES
21g PROTÉINES	4g LIPIDES	0,8g FIBRES

500 g	(1 livre) pétoncles
50 ml	(¼ tasse) jus de limette
30 ml	(2 c. à soupe) huile d'olive
15 ml	(1 c. à soupe) persil frais haché
15 ml	(1 c. à soupe) échalote sèche hachée
5	(1 c. à thé)basilic frais
2	grosses tomates, pelées et en dés
1	piment rouge en dés
	sel et poivre

Préchauffer le four à MOYEN.

Placer tous les ingrédients dans une feuille de papier d'aluminium double. Recouvrir d'une feuille simple et sceller les extrémités.

Placer le panier de papier sur la grille chaude; couvrir et faire cuire 8 minutes. Remuer de temps en temps.

Servir sur du riz.

Pétoncles en papier

(pour 4 personnes)

1 PORTION	211 CALORIES	17g GLUCIDES
40g PROTÉINES	7g LIPIDES	1,0g FIBRES

500 g	(1 livre) pétoncles
125 ml	(½ tasse) litchis (facultatif)
2	oignons verts hachés
30 ml	(2 c. à soupe) beurre à l'ail
150 g	(⅓ livre) champignons frais, nettoyés et hachés
125 ml	(½ tasse) ananas en morceaux
	sel et poivre

Préchauffer le barbecue à FORT.

Placer tous les ingrédients dans une feuille de papier d'aluminium double. Recouvrir d'une feuille de papier d'aluminium simple et fermer pour former un panier. Sceller les extrémités.

Placer sur la grille chaude; couvrir et faire cuire 8 à 10 minutes.

À deux reprises pendant la cuisson, ouvrir le panier pour remuer les ingrédients.

Servir sur du riz.

Steaks de flétan

(pour 4 personnes)

1 PORTION	186 CALORIES	trace GLUCIDES
26g PROTÉINES	8g LIPIDES	--g FIBRES

30 ml	(2 c. à soupe) huile
5 ml	(1 c. à thé) jus de citron
2 ml	(½ c. à thé) sauce tériyaki
1 ml	(¼ c. à thé) paprika
4	steaks de flétan
	sel et poivre

Préchauffer le barbecue à FORT.

Mélanger huile, jus de citron, sauce tériyaki et paprika. Assaisonner au goût.

Badigeonner le poisson et placer sur la grille chaude. Faire cuire 10 minutes en retournant 1 ou 2 fois. Badigeonner de temps en temps.

POISSONS GRILLÉS ET FRUITS DE MER

POISSONS ET COQUILLES

Tout le monde a son poisson favori et sa façon préférée de l'apprêter. Pour cet ouvrage, deux types de cuisson traditionnelle ont été sélectionnés: poisson grillé et en coquille et nous avons utilisé des poissons frais, congelés ou en conserve.

Achetez toujours votre poisson chez un marchand ou un poissonnier de bonne renommée. Exigez un poisson frais et n'acceptez aucun compromis. La chair du poisson frais est ferme et rigide au toucher, les écailles adhèrent bien au corps et l'œil est saillant et clair. Refusez tout poisson aux yeux cernés et enfoncés.

Quant à la cuisson d'un poisson, elle est très simple et ne nécessite que peu d'ustensiles. Mis à part la poêle à frire, il ne vous faudra que quelques plats à coquille. Il en existe plusieurs sortes: les coquilles naturelles que l'on peut se procurer à prix modique et les plats à coquille en porcelaine ou en terre cuite qui sont un peu plus chers. Ces derniers ont l'avantage d'être plus grands, plus profonds et très décoratifs.

Les nouvelles recettes que nous vous proposons deviendront sans aucun doute vos favorites, celles que vous souhaiterez savourer entre amis.

Steak de morue aux cornichons

(pour 4 personnes)

1 PORTION	350 CALORIES	24g GLUCIDES
45g PROTÉINES	21g LIPIDES	0,3g FIBRES

4	steaks de morue
250 ml	(1 tasse) farine assaisonnée
30 ml	(2 c. à soupe) huile végétale
30 ml	(2 c. à soupe) beurre fondu
15 ml	(1 c. à soupe) persil frais haché
2	gros cornichons, en dés
1	citron, pelé, épépiné et en dés
	sel et poivre

Préchauffer le four à 70°C (150°F).

Enfariner le poisson. Faire chauffer l'huile dans une grande poêle à frire. Ajouter le poisson; faire cuire 4 à 5 minutes de chaque côté ou selon l'épaisseur. Bien assaisonner.

Retirer le poisson de la poêle. Tenir chaud au four.

Faire chauffer le beurre dans la poêle. Ajouter le reste des ingrédients; faire cuire 2 minutes à feu moyen.

Assaisonner et servir avec le poisson.

Morceaux de sole sautés

(pour 4 personnes)

1 PORTION	274 CALORIES	13g GLUCIDES
22g PROTÉINES	15g LIPIDES	0,5g FIBRES

4	filets de sole, coupés en trois morceaux
125 ml	(½ tasse) farine assaisonnée
45 ml	(3 c. à soupe) beurre fondu
125 g	(¼ livre) champignons frais, émincés
125 ml	(½ tasse) olives vertes farcies
15 ml	(1 c. à soupe) persil frais haché
	sel et poivre
	jus de 1 citron

Enfariner légèrement les morceaux de poisson. Mettre de côté.

Faire chauffer la moitié du beurre dans une grande poêle à frire. Ajouter champignons, olives et persil; bien assaisonner. Faire cuire 3 à 4 minutes à feu moyen.

Transférer le mélange de champignons dans une assiette. Mettre de côté.

Remettre la poêle à frire sur l'élément et faire chauffer le reste du beurre. Ajouter le poisson et cuire 3 à 4 minutes ou selon la grosseur. Retourner le poisson 1 fois durant la cuisson et assaisonner.

Remettre le mélange de champignons dans la poêle avec le poisson. Laisser mijoter le tout 2 minutes. Arroser de jus de citron. Servir.

Filet de sole au parmesan

(pour 4 personnes)

1 PORTION	453 CALORIES	3g GLUCIDES
48g PROTÉINES	27g LIPIDES	-- FIBRES

4	grands filets de sole
3	œufs battus
375 ml	(1½ tasse) fromage parmesan râpé
45 ml	(3 c. à soupe) huile végétale
	sel et poivre blanc
	une pincée de paprika
	jus de citron

Tremper le poisson dans les œufs battus.

Assaisonner le fromage de poivre et de paprika. Bien enrober les filets du mélange.

Faire chauffer l'huile dans une grande poêle à frire. Ajouter le poisson; cuire 2 minutes de chaque côté à feu moyen-vif ou selon la grosseur. Saler, poivrer durant la cuisson.

Servir avec du jus de citron.

Truite marinée grillée

(pour 4 personnes)

1 PORTION	346 CALORIES	5g GLUCIDES
27g PROTÉINES	18g LIPIDES	trace FIBRES

4	truites arc-en-ciel, nettoyées, les filets relevés et coupés en tranches de 2,5 cm (1 po)
375 ml	(1½ tasse) vin blanc sec
30 ml	(2 c. à soupe) jus de citron
15 ml	(1 c. à soupe) zeste d'orange râpé
15 ml	(1 c. à soupe) gingembre frais haché
15 ml	(1 c. à soupe) ciboulette hachée
30 ml	(2 c. à soupe) huile d'olive
2	branches de fenouil
	sel et poivre
	quartiers de citron

Mettre poisson, vin, jus de citron, zeste d'orange, gingembre et ciboulette dans un bol. Réfrigérer 2 heures.

Bien égoutter le poisson.

Faire chauffer l'huile dans une grande poêle à frire. Ajouter poisson et fenouil. Saler, poivrer et cuire 2 à 3 minutes à feu vif. Remuer de temps en temps.

Servir avec des quartiers de citron.

Truite grillée aux tomates

(pour 4 personnes)

1 PORTION	514 CALORIES	32g GLUCIDES
32g PROTÉINES	40g LIPIDES	3,0g FIBRES

30 ml	(2 c. à soupe) huile végétale
4	truites arc-en-ciel, évidées et nettoyées
250 ml	(1 tasse) farine
1	oignon haché
1	piment rouge, en petits dés
½	courgette, en dés
1	gousse d'ail, écrasée et hachée
125 ml	(½ tasse) olives noires farcies
1 ml	(¼ c. à thé) graines de fenouil
15 ml	(1 c. à soupe) grains de poivre vert
250 ml	(1 tasse) tomates hachées
	sel et poivre
	quelques gouttes de jus de citron

Préchauffer le four à 70°C (150°F).

Faire chauffer l'huile dans une grande poêle à frire. Enfariner légèrement les truites et les mettre dans l'huile chaude. Faire cuire 5 à 6 minutes de chaque côté ou selon la grosseur. Bien assaisonner.

Transférer les truites dans un plat de service. Tenir chaud au four.

Mettre oignon, piment, courgette et ail dans la poêle; faire cuire 2 minutes à feu moyen-vif.

Incorporer olives, graines de fenouil, poivre vert et tomates. Saler, poivrer; faire cuire 2 minutes à feu vif.

Étendre le mélange dans le fond d'assiettes individuelles. Déposer une truite dans chaque assiette. Arroser de jus de citron. Servir immédiatement.

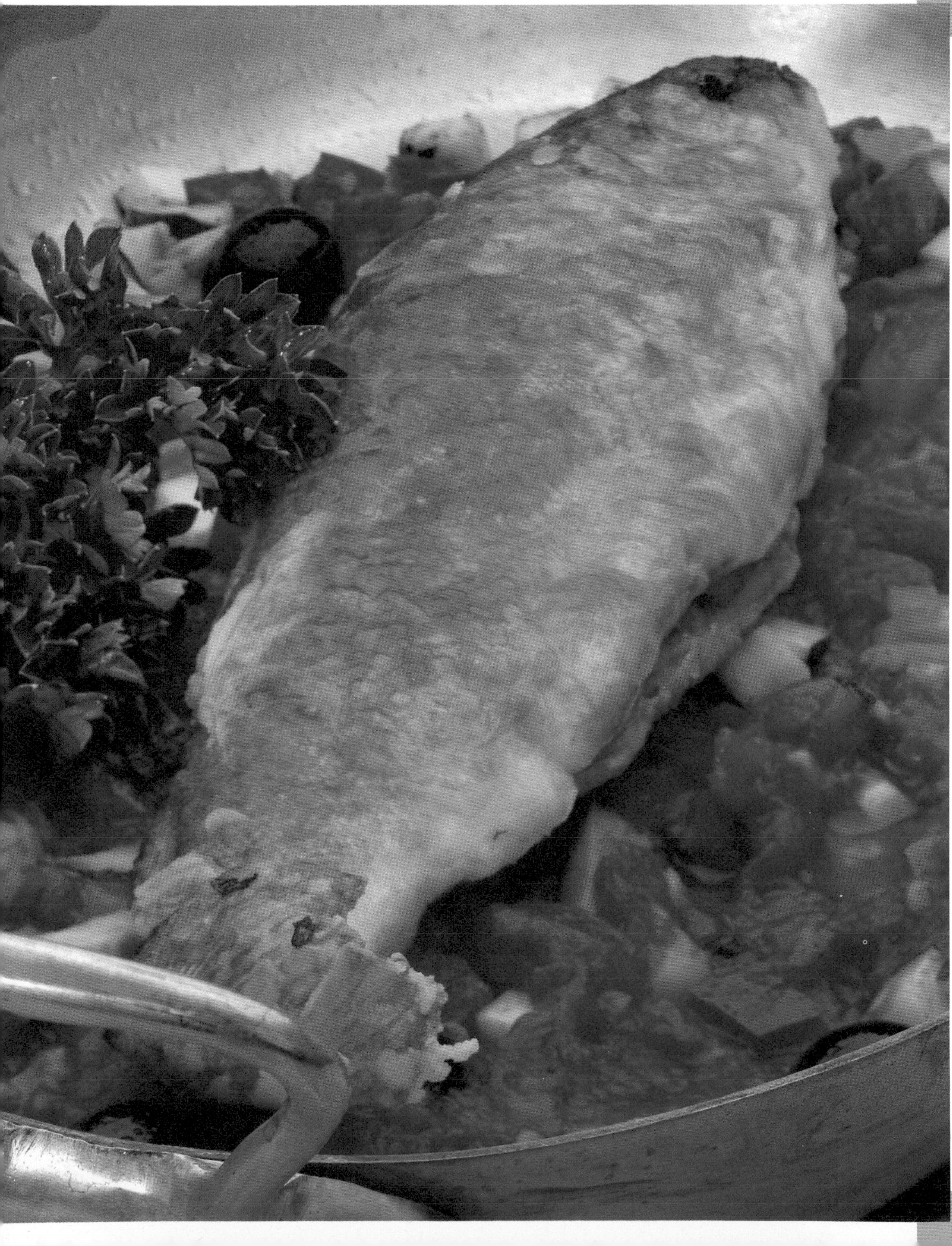

Filets de rouget au fenouil

(pour 4 personnes)

1 PORTION	331 CALORIES	36g GLUCIDES
28g PROTÉINES	11g LIPIDES	0,8g FIBRES

4	petits filets de rouget
250 ml	(1 tasse) farine
15 ml	(1 c. à soupe) huile végétale
30 ml	(2 c. à soupe) beurre
1	petit piment rouge, émincé
1	courgette, coupée en deux sur la longueur et émincée
1	pomme verte, évidée et émincée
5 ml	(1 c. à thé) grains de poivre vert
2	branches de fenouil frais, hachées
	sel et poivre

Enfariner légèrement les filets de poisson.

Faire chauffer huile et beurre dans une grande poêle à frire. Ajouter le poisson; faire cuire 3 minutes à feu moyen-vif.

Retourner le poisson, assaisonner et cuire 2 à 3 minutes.

Ajouter piment, courgette et pomme; faire cuire 2 à 3 minutes à feu moyen.

Incorporer poivre vert et fenouil; bien assaisonner. Faire cuire 2 minutes. Servir.

Choisir poisson et fenouil frais.

Retourner le poisson, bien assaisonner et continuer la cuisson 2 à 3 minutes.

Faire cuire le poisson enfariné pendant 3 minutes à feu moyen-vif.

Ajouter légumes et pomme. Faire cuire 2 à 3 minutes à feu moyen.

Rouget et crevettes aux amandes

(pour 4 personnes)

1 PORTION	446 CALORIES	27g GLUCIDES
44g PROTÉINES	18g LIPIDES	0,6g FIBRES

4	filets de rouget
250 ml	(1 tasse) farine assaisonnée
30 ml	(2 c. à soupe) huile végétale
30 ml	(2 c. à soupe) beurre fondu
12	crevettes moyennes, décortiquées, nettoyées et coupées en deux
30 ml	(2 c. à soupe) câpres
1	citron, pelé, épépiné et émincé
30 ml	(2 c. à soupe) amandes effilées
	sel et poivre

Préchauffer le four à 70°C (150°F).

Enfariner les filets de poisson. Faire chauffer l'huile dans une grande poêle à frire. Ajouter le poisson; faire cuire, à feu moyen-vif, 3 à 4 minutes de chaque côté ou selon la grosseur. Bien assaisonner.

Retirer le poisson de la poêle. Tenir chaud au four.

Mettre beurre et crevettes dans la poêle. Assaisonner et ajouter le reste des ingrédients; cuire 3 minutes à feu moyen.

Retirer les filets de rouget du four. Servir avec les crevettes aux amandes.

Rouget aux tomates

(pour 4 personnes)

1 PORTION	246 CALORIES	9g GLUCIDES
27g PROTÉINES	12g LIPIDES	0,7g FIBRES

4	filets de rouget
45 ml	(3 c. à soupe) huile d'olive
1	gousse d'ail, écrasée et hachée
1	petit oignon, haché
3	tomates pelées, épépinées et en dés
1 ml	(¼ c. à thé) clou de girofle moulu
1 ml	(¼ c. à thé) sucre
	jus de 1 citron
	sel et poivre

Placer les filets dans un grand plat et les arroser de quelques gouttes d'huile et du jus de ½ citron. Mettre de côté.

Faire chauffer 25 ml (1½ c. à soupe) d'huile dans une grande poêle à frire. Ajouter ail et oignon; cuire 2 à 3 minutes à feu moyen.

Ajouter tomates, clou de girofle, sucre et reste du jus de citron. Bien assaisonner et cuire 7 à 8 minutes à feu moyen.

Réduire l'élément à feu très doux et laisser mijoter le mélange de tomates.

Faire chauffer le reste d'huile dans une poêle à frire. Ajouter le poisson; faire cuire, à feu moyen, 4 minutes de chaque côté ou selon la grosseur. Bien assaisonner et servir avec le mélange de tomates.

Éperlans frits

(pour 4 personnes)

1 PORTION	718 CALORIES	54g GLUCIDES
38g PROTÉINES	37g LIPIDES	0,1g FIBRES

24 à 28	éperlans, nettoyés et asséchés avec un papier essuie-tout
375 ml	(1½ tasse) farine assaisonnée
375 ml	(1½ tasse) lait
2	œufs
5 ml	(1 c. à thé) huile d'olive
375 ml	(1½ tasse) biscuits soda écrasés
125 ml	(½ tasse) huile d'arachide
	sel et poivre
	jus de citron

Enfariner les éperlans.

Mettre lait, œufs et huile d'olive dans un grand bol; bien incorporer au fouet.

Plonger les éperlans dans le mélange et rouler dans les biscuits écrasés.

Faire chauffer la moitié de l'huile d'arachide dans une sauteuse (à environ 180°C (375°F). Ajouter délicatement la moitié des éperlans; cuire 2 à 3 minutes en retournant une fois.

À l'aide d'une écumoire, retirer les éperlans de l'huile. Égoutter sur du papier essuie-tout.

Verser le reste de l'huile dans la sauteuse et faire chauffer. Cuire le reste des éperlans.

Servir avec du jus de citron.

Steaks de saumon aux herbes

(pour 4 personnes)

1 PORTION	395 CALORIES	2g GLUCIDES
41g PROTÉINES	24g LIPIDES	trace FIBRES

30 ml	(2 c. à soupe) huile végétale
4	steaks de saumon, 2 cm (¾ po) d'épaisseur
30 ml	(2 c. à soupe) beurre
15 ml	(1 c. à soupe) menthe fraîche hachée
15 ml	(1 c. à soupe) ciboulette fraîche hachée
15 ml	(1 c. à soupe) persil frais haché
	sel et poivre
	jus de 1 citron

Faire chauffer l'huile dans une grande poêle à frire. Ajouter le poisson; faire cuire 3 à 4 minutes à feu moyen.

Retourner le poisson, assaisonner et continuer la cuisson 4 minutes.

Retourner le poisson de nouveau, assaisonner et cuire 7 minutes en retournant le poisson à mi-cuisson.

Transférer le poisson dans un plat de service chaud.

Faire chauffer le beurre dans une poêle à frire. Ajouter les herbes et poivrer; faire cuire 1 minute à feu vif.

Arroser de jus de citron, remuer et verser sur le poisson. Servir immédiatement.

Saumon et sauce au Pernod

(pour 4 personnes)

1 PORTION	516 CALORIES	8g GLUCIDES
43g PROTÉINES	32g LIPIDES	0,5g FIBRES

15 ml	(1 c. à soupe) huile végétale
30 ml	(2 c. à soupe) beurre
4	steaks de saumon, 2 cm (¾ po) d'épaisseur
1	échalote sèche hachée
250 g	(½ livre) champignons frais, émincés
45 ml	(3 c. à soupe) Pernod
125 ml	(½ tasse) crème à 35%
15 ml	(1 c. à soupe) persil frais haché
	sel et poivre

Préchauffer le four à 70°C (150°F).

Faire chauffer huile et beurre dans une grande poêle à frire. Ajouter le poisson et bien assaisonner. Couvrir et cuire 4 minutes à feu moyen.

Retourner le poisson; couvrir et continuer la cuisson 4 à 5 minutes.

Retirer le poisson de la poêle. Tenir chaud au four.

Mettre échalote et champignons dans la poêle; bien assaisonner. Couvrir et cuire 3 à 4 minutes.

Incorporer le Pernod et amener à ébullition; faire chauffer 2 minutes à feu vif.

Rectifier l'assaisonnement. Incorporer crème et persil; faire chauffer 2 minutes à feu moyen.

Verser sur le poisson. Servir.

Faire chauffer huile et beurre dans une grande poêle à frire. Ajouter le poisson; bien assaisonner. Couvrir et faire cuire 4 minutes à feu moyen.

Retourner le poisson; couvrir et continuer la cuisson 4 à 5 minutes. Retirer et tenir chaud au four.

Mettre échalote et champignons dans la poêle; bien assaisonner. Couvrir et cuire 3 à 4 minutes.

Incorporer le Pernod et amener à ébullition; faire chauffer 2 minutes à feu vif.

Saumon al limone

(pour 4 personnes)

1 PORTION	566 CALORIES	30g GLUCIDES
46g PROTÉINES	29g LIPIDES	0,3g FIBRES

4	steaks de saumon, 2 cm (¾ po) d'épaisseur
250 ml	(1 tasse) farine assaisonnée
1 ml	(¼ c. à thé) paprika
30 ml	(2 c. à soupe) beurre
1	oignon moyen, haché
15 ml	(1 c. à soupe) ciboulette hachée
250 ml	(1 tasse) bouillon de poulet léger, chaud
1 ml	(¼ c. à thé) sauce Tabasco
25 ml	(1½ c. à soupe) fécule de maïs
60 ml	(4 c. à soupe) eau froide
50 ml	(¼ tasse) crème légère, chaude
30 ml	(2 c. à soupe) huile végétale
5 ml	(1 c. à thé) beurre
½	concombre, épépiné et tranché épais
	une pincée de gingembre moulu
	sel et poivre
	jus de 1 citron

Enrober le poisson de farine saupoudrée de paprika; mettre de côté.

Faire chauffer 30 ml (2 c. à soupe) de beurre dans une casserole. Ajouter oignon et ciboulette; faire cuire 3 minutes à feu doux.

Ajouter le jus de citron; continuer la cuisson 1 minute à feu doux.

Incorporer bouillon de poulet, sauce Tabasco et gingembre; bien assaisonner et amener à ébullition.

Délayer fécule de maïs et eau froide. Incorporer à la sauce; cuire 1 minute à feu doux.

Incorporer la crème et rectifier l'assaisonnement. Amener rapidement à ébullition et retirer du feu. Mettre de côté.

Faire chauffer l'huile dans une grande poêle à frire. Ajouter le poisson; faire cuire 4 minutes à feu moyen-vif.

Retourner le poisson et assaisonner; cuire 4 minutes.

Retourner le poisson de nouveau et continuer la cuisson 7 minutes en retournant 1 fois à mi-cuisson.

Entre-temps, faire chauffer 5 ml (1 c. à thé) de beurre dans une autre poêle à frire. Ajouter les concombres; faire cuire 3 à 4 minutes à feu moyen-vif.

Réchauffer la sauce au citron à feu doux. Servir avec le poisson et les concombres.

Choisir des steaks de saumon de première qualité.

Enrober le poisson de farine saupoudrée de paprika. Mettre de côté.

Faire cuire oignon et ciboulette 3 minutes dans le beurre chaud.

Ajouter jus de citron et bouillon de poulet. Épaissir la sauce avec un mélange de fécule.

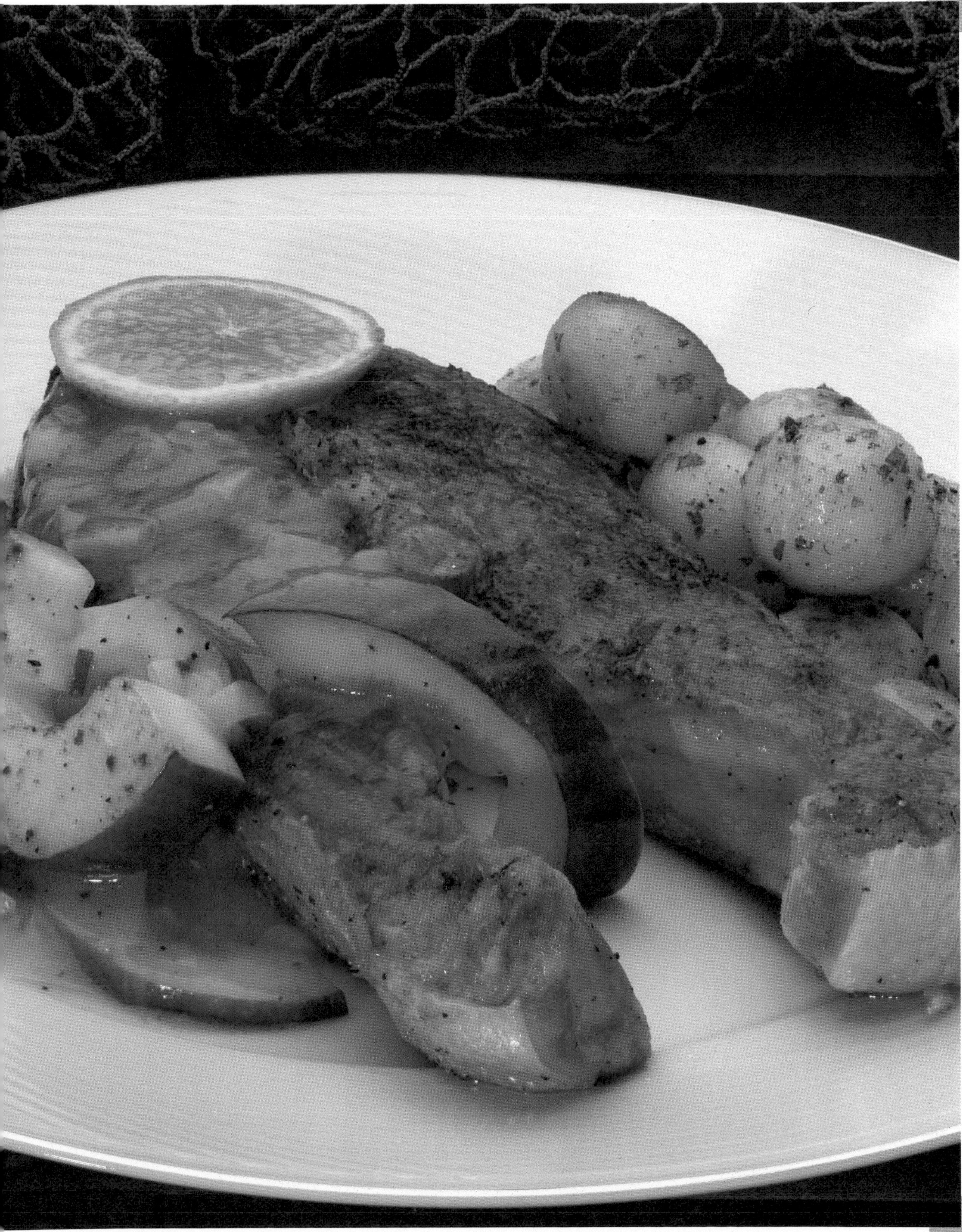

Croquettes de poisson grillées

(pour 4 personnes)

1 PORTION	475 CALORIES	38g GLUCIDES
26g PROTÉINES	24g LIPIDES	0,6 FIBRES

425 ml	(1¾ tasse) flétan cuit, émietté
625 ml	(2½ tasses) purée de pommes de terre, chaude
15 ml	(1 c. à soupe) persil frais haché
45 ml	(3 c. à soupe) oignons hachés cuits
30 ml	(2 c. à soupe) beurre mou
1	œuf battu
250 ml	(1 tasse) farine
45 ml	(3 c. à soupe) huile d'arachide
	sel et poivre

Mettre poisson, pommes de terre, persil, oignons, beurre et œuf battu dans un robot culinaire. Bien assaisonner et mélanger pour incorporer.

Former des boulettes avec le mélange et aplatir. Enfariner légèrement.

Faire chauffer l'huile dans une grande poêle à frire. Ajouter des croquettes de poisson sans surcharger la poêle; cuire 2 à 3 minutes à feu moyen-vif. Retourner les croquettes une fois. Ajuster le temps de cuisson selon leur épaisseur.

Servir avec une sauce tartare.

Flétan, sauce au fenouil

(pour 4 personnes)

1 PORTION	228 CALORIES	4g GLUCIDES
24g PROTÉINES	13g LIPIDES	0,5g FIBRES

15 ml	(1 c. à soupe) huile végétale
2	grands steaks de flétan, avec la peau, coupés en deux
5	branches de fenouil
15 ml	(1 c. à soupe) beurre
250 g	(½ livre) champignons frais, tranchés
1	échalote sèche, hachée
	sel et poivre
	jus de citron

Préchauffer le four à 70°C (150°F).

Faire chauffer l'huile dans une grande poêle à frire. Ajouter le poisson; couvrir et faire cuire 3 minutes à feu moyen-vif.

Retourner le poisson. Saler, poivrer et ajouter 2 branches de fenouil. Cuire 3 à 4 minutes à feu moyen.

Retirer le poisson de la poêle. Tenir chaud au four.

Faire fondre le beurre dans la poêle. Ajouter reste de fenouil, champignons et échalote; couvrir et faire cuire 3 à 4 minutes. Bien assaisonner.

Arroser de jus de citron et verser sur le poisson. Servir avec des légumes.

Sébaste panée

(pour 4 personnes)

1 PORTION	523 CALORIES	38g GLUCIDES
45g PROTÉINES	19g LIPIDES	0,1 FIBRES

30 ml	(2 c. à soupe) huile d'olive
2	œufs battus
8	filets de sébaste
250 ml	(1 tasse) farine assaisonnée
250 ml	(1 tasse) chapelure
30 ml	(2 c. à soupe) huile végétale
	tranches de citron
	sel et poivre

Incorporer l'huile d'olive aux œufs battus.

Enfariner le poisson, le tremper dans les œufs battus et l'enrober de chapelure.

Faire chauffer l'huile végétale dans une grande poêle à frire. Ajouter le poisson; faire cuire 4 à 6 minutes à feu moyen-vif. Retourner le poisson deux fois et assaisonner.

Garnir de tranches de citron. Servir avec une sauce tartare.

Sébaste à la sauce au piment rouge

(pour 4 personnes)

1 PORTION	547 CALORIES	36g GLUCIDES
44g PROTÉINES	25g LIPIDES	0,8g FIBRES

15 ml	(1 c. à soupe) beurre fondu
1	gousse d'ail, écrasée et hachée
1	oignon moyen, émincé
1½	piment rouge, émincé
375 ml	(1½ tasse) sauce blanche chaude
1 ml	(¼ c. à thé) sauce Worcestershire
1 ml	(¼ c. à thé) sauce Tabasco
8	petits filets de sébaste
250 ml	(1 tasse) farine assaisonnée
30 ml	(2 c. à soupe) huile végétale
	sel et poivre
	jus de ½ citron

Faire chauffer le beurre dans une casserole. Ajouter ail et oignon; couvrir et cuire 3 à 4 minutes à feu moyen.

Ajouter le piment et assaisonner; continuer la cuisson 7 à 8 minutes à feu moyen sans couvrir.

Verser le mélange dans un robot culinaire et mettre en purée. Vider dans la casserole et incorporer la sauce blanche. Ajouter les sauces Worcestershire et Tabasco. Arroser de jus de citron.

Laisser mijoter 8 minutes à feu doux sans couvrir.

Entre-temps, enfariner le poisson. Faire chauffer l'huile dans une grande poêle à frire. Ajouter le poisson; faire cuire 3 à 4 minutes de chaque côté ou selon la grosseur. Bien assaisonner.

Dès que le poisson est cuit, le transférer dans un plat de service chaud et napper de sauce au piment.

Mérou au cari

(pour 4 personnes)

1 PORTION	507 CALORIES	58g GLUCIDES
46g PROTÉINES	9g LIPIDES	1,0g FIBRES

60 ml	(4 c. à soupe) cari
500 ml	(2 tasses) farine
4	steaks de mérou, de 200 g (7 oz) chacun
30 ml	(2 c. à soupe) huile végétale
½	gros cantaloup, en gros morceaux
1	banane, tranchée épais en biais
	jus de 1 mandarine
	sel et poivre

Mélanger cari et farine. Bien assaisonner. Enfariner le poisson et secouer pour retirer l'excédent de farine.

Faire chauffer l'huile dans une grande poêle à frire. Ajouter le poisson; faire cuire 3 à 4 minutes à feu moyen-vif.

Retourner le poisson; continuer la cuisson 2 à 3 minutes.

Assaisonner et retourner le poisson de nouveau. Cuire 3 à 4 minutes ou selon l'épaisseur. Le poisson est cuit lorsque l'os se détache facilement.

Transférer le poisson dans des assiettes chaudes. Faire cuire rapidement le reste des ingrédients pendant 2 minutes dans la poêle à frire. Verser sur le poisson. Servir.

Mélanger cari et farine. Bien assaisonner. Enfariner le poisson et secouer pour retirer l'excédent de farine.

Faire cuire le poisson 8 à 11 minutes ou selon l'épaisseur. Retourner le poisson 2 fois.

Lorsque l'os se détache facilement, le poisson est cuit.

Faire cuire rapidement le reste des ingrédients pendant 2 minutes dans la poêle à frire.

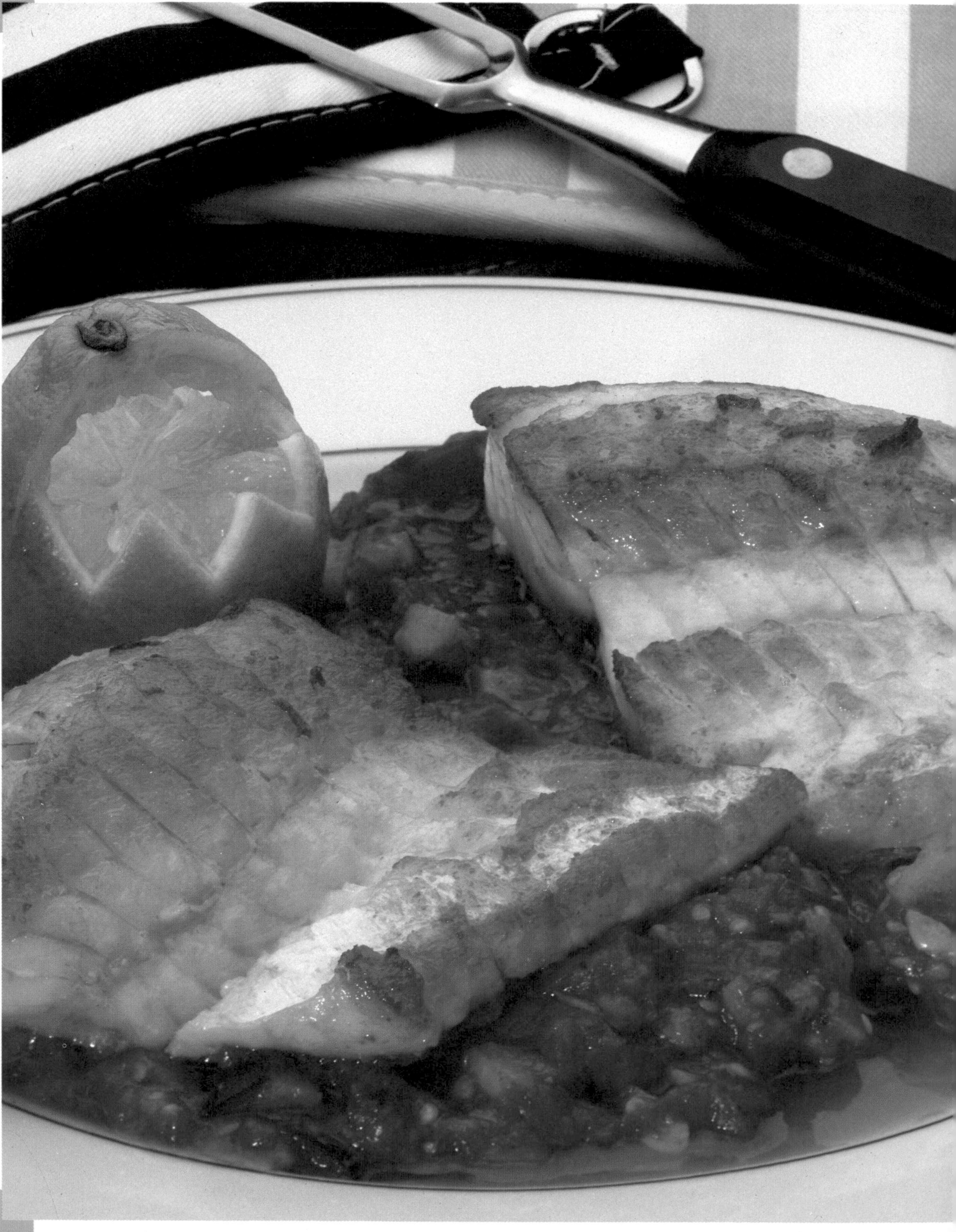

Mérou
à l'italienne

(pour 4 personnes)

1 PORTION	352 CALORIES	15g GLUCIDES
45g PROTÉINES	12g LIPIDES	1,0g FIBRES

30 ml	(2 c. à soupe) huile d'olive
2	grosses échalotes sèches, hachées
1	gousse d'ail, écrasée et hachée
1	petite aubergine avec la peau, en dés
796 ml	(28 oz) tomates en conserve, égouttées et hachées
1 ml	(¼ c. à thé) basilic
1 ml	(¼ c. à thé) marjolaine
½	piment cerise fort mariné, haché
1 ml	(¼ c. à thé) sucre
15 ml	(1 c. à soupe) huile végétale
4	morceaux de mérou, 200 à 225 g (7 à 8 oz) chacun
	sel et poivre

Faire chauffer l'huile d'olive dans une sauteuse. Ajoute échalotes et ail; faire cuire 2 minutes à feu moyen.

Ajouter l'aubergine; couvrir et cuire 8 à 10 minutes en remuant de temps en temps.

Assaisonner et incorporer tomates, épices, piment haché et sucre. Amener à ébullition et faire cuire 8 minutes à feu moyen-vif.

Entre-temps, faire chauffer l'huile végétale dans une grande poêle à frire. Ajouter le poisson; cuire 4 minutes à feu moyen.

Retourner le poisson, assaisonner et continuer la cuisson 4 à 5 minutes ou selon l'épaisseur.

Accompagner le poisson du mélange d'aubergine.

Faire chauffer l'huile d'olive dans une sauteuse. Ajouter échalotes et ail; faire cuire 2 minutes à feu moyen.

Faire cuire l'aubergine 8 à 10 minutes et bien assaisonner.

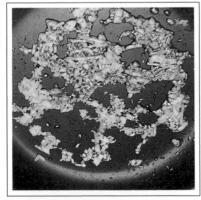

Ajouter l'aubergine et couvrir.

Incorporer tomates, épices, piment haché et sucre. Amener à ébullition et cuire 8 minutes à feu moyen-vif.

Aiguillat grillé

(pour 4 personnes)

1 PORTION	473 CALORIES	5g GLUCIDES
41g PROTÉINES	33g LIPIDES	trace

2	steaks d'aiguillat commun, 500 g (1 livre) chacun
45 ml	(3 c. à soupe) huile d'olive
125 ml	(½ tasse) jus de citron
30 ml	(2 c. à soupe) beurre
5 ml	(1 c. à thé) gingembre frais haché
1	gousse d'ail, écrasée et hachée
15 ml	(1 c. à soupe) ciboulette
5 ml	(1 c. à thé) cassonade
5 ml	(1 c. à thé) jus de limette
5 ml	(1 c. à thé) sauce Worcestershire
15 ml	(1 c. à soupe) huile végétale
	sel et poivre

Mettre poisson, huile d'olive et jus de citron dans une assiette profonde; laisser mariner 20 minutes.

Bien égoutter et essuyer le poisson. À l'aide d'un gros couteau, couper chaque steak en 2 morceaux. Utiliser un maillet en bois pour frapper le couteau et couper l'os.

Mettre beurre, gingembre, ail, ciboulette, cassonade, jus de limette et sauce Worcestershire dans une petite casserole; faire fondre.

Badigeonner le poisson du mélange de beurre.

Faire chauffer l'huile végétale dans une grande poêle à frire. Ajouter le poisson; cuire 10 à 12 minutes à feu moyen. Assaisonner et retourner le poisson 2 à 3 fois durant la cuisson.

Si désiré, servir avec des pommes sautées et des haricots verts.

Un steak d'aiguillat de 500 g (1 livre) est suffisant pour 2 personnes.

Bien égoutter le poisson mariné. À l'aide d'un maillet, frapper le couteau pour couper le poisson en deux morceaux.

Mettre beurre, gingembre, ail, ciboulette, cassonade, jus de limette et sauce Worcestershire dans une petite casserole et faire fondre.

Badigeonner le poisson du mélange avant la cuisson.

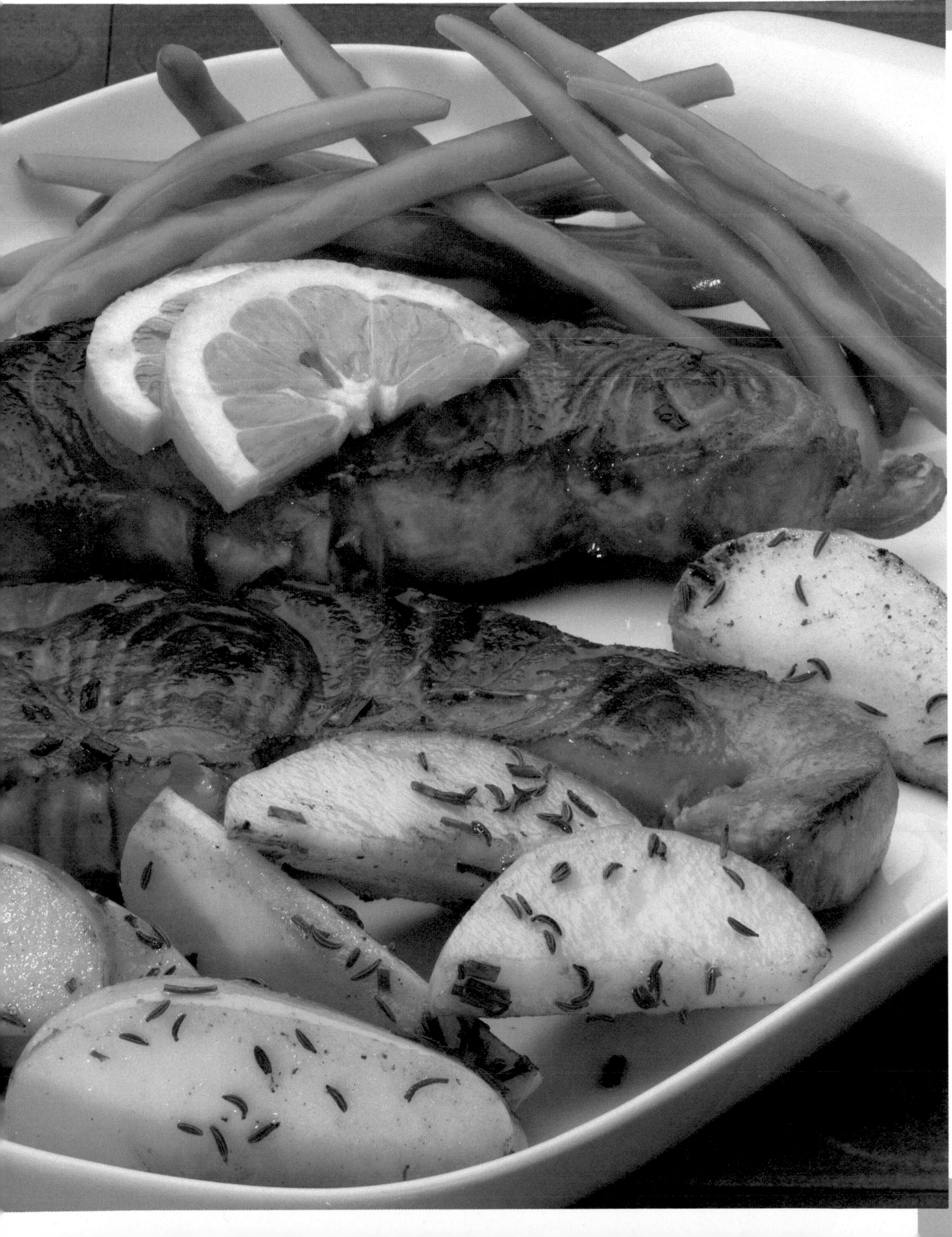

Goberge à la niçoise

(pour 4 personnes)

1 PORTION	399 CALORIES	6g GLUCIDES
42g PROTÉINES	22g LIPIDES	0,5g FIBRES

15 ml	(1 c. à soupe) huile d'olive
2	échalotes sèches, hachées
1	gousse d'ail, écrasée et hachée
50 g	(1,75 oz) filets d'anchois en conserve, égouttés et hachés
500 ml	(2 tasses) tomates naines, en deux
125 ml	(½ tasse) olives noires dénoyautées
15 ml	(1 c. à soupe) huile végétale
750 g	(1½ livre) filets de goberge, coupés en gros morceaux et enfarinés légèrement
	sel et poivre

Faire chauffer l'huile d'olive dans une sauteuse. Ajouter échalotes et ail; faire cuire 2 à 3 minutes à feu moyen.

Ajouter les anchois; faire cuire 1 minute.

Bien assaisonner. Ajouter tomates et olives; mélanger et continuer la cuisson 1 minute à feu moyen-vif. Mettre de côté.

Faire chauffer l'huile végétale dans une grande poêle à frire. Ajouter le poisson; cuire 4 à 5 minutes à feu moyen.

Saler, poivrer. Retourner le poisson; continuer la cuisson 4 minutes.

Verser le mélange de tomates sur le poisson; laisser mijoter 1 minute. Servir.

1 Mettre les anchois dans la sauteuse contenant échalotes et ail. Faire cuire 1 minute.

2 Bien assaisonner. Ajouter tomates et olives; mélanger et continuer la cuisson 1 minute à feu moyen-vif. Mettre de côté.

3 Après 4 à 5 minutes de cuisson, retourner le poisson et saler, poivrer; continuer la cuisson 4 minutes.

4 Verser le mélange de tomates sur le poisson; laisser mijoter 1 minute. Servir.

Queues de homard sautées

(pour 4 personnes)

1 PORTION	330 CALORIES	14g GLUCIDES
16g PROTÉINES 2g LIPIDES		trace FIBRES

30 ml	(2 c. à soupe) beurre fondu
4	queues de homard, décortiquées et coupées en trois
1	échalote sèche hachée
15 ml	(1 c. à soupe) persil frais haché
250 ml	(1 tasse) sauce à l'aneth
	sel et poivre
	jus de citron

Faire chauffer le beurre dans une grande poêle à frire. Ajouter le homard; cuire 2 à 3 minutes à feu moyen-vif.

Bien assaisonner. Ajouter échalote et persil; continuer la cuisson 1 minute.

Arroser de jus de citron. Servir avec la sauce à l'aneth.

Langoustines aigres-douces

(pour 4 personnes)

1 PORTION	324 CALORIES	15g GLUCIDES
33g PROTÉINES 13g LIPIDES		0,3g FIBRES

1	oignon vert haché
45 ml	(3 c. à soupe) vin blanc sec
60 ml	(4 c. à soupe) vinaigre blanc
15 ml	(1 c. à soupe) sucre
50 ml	(¼ tasse) jus d'orange
15 ml	(1 c. à soupe) gingembre frais haché
250 ml	(1 tasse) ananas en dés
250 ml	(1 tasse) bouillon de poulet chaud
15 ml	(1 c. à soupe) fécule de maïs
45 ml	(3 c. à soupe) eau froide
750 g	(1½ livre) langoustines décortiquées
45 ml	(3 c. à soupe) beurre fondu
2 ml	(½ c. à thé) graines de fenouil
	sel et poivre
	jus de citron

Mettre l'oignon vert dans une casserole. Ajouter vin et vinaigre; poivrer généreusement. Amener à ébullition et cuire 3 minutes à feu moyen.

Ajouter sucre, jus d'orange, gingembre, ananas et bouillon de poulet; bien remuer. Amener de nouveau à ébullition.

Délayer fécule de maïs et eau froide. Incorporer à la sauce; cuire 2 minutes.

Préparer les langoustines en deux étapes afin de ne pas surcharger la poêle. Faire chauffer le beurre dans la poêle. Ajouter langoustines et graines de fenouil. Arroser de jus de citron. Saler, poivrer et cuire 3 à 4 minutes en remuant fréquemment.

Servir avec la sauce aigre-douce.

Queues de homard marinées

(pour 4 personnes)

1 PORTION	293 CALORIES	4g GLUCIDES
16g PROTÉINES	25g LIPIDES	0,5g FIBRES

4	grosses queues de homard, décortiquées et coupées en morceaux de 2,5 cm (1 po)
60 ml	(4 c. à soupe) huile d'olive
30 ml	(2 c. à soupe) vinaigre à l'estragon
15 ml	(1 c. à soupe) persil frais haché
15 ml	(1 c. à soupe) estragon frais haché
1 ml	(¼ c. à thé) paprika
45 ml	(3 c. à soupe) beurre fondu
30 ml	(2 c. à soupe) câpres
	sel et poivre
	jus de ½ citron

Mettre homard, huile, vinaigre, persil, estragon et paprika dans un bol. Bien assaisonner et laisser mariner 30 minutes.

Égoutter le homard.

Faire chauffer le beurre dans une grande poêle à frire. Ajouter le homard; cuire 3 à 5 minutes à feu vif. Remuer fréquemment et retourner les morceaux une fois.

Incorporer câpres et jus de citron. Rectifier l'assaisonnement. Prolonger la cuisson de 1 minute.

Servir sur du riz.

Flétan aux fruits frais

(pour 4 personnes)

1 PORTION	382 CALORIES	18g GLUCIDES
21g PROTÉINES	26g LIPIDES	0,2g FIBRES

45 ml	(3 c. à soupe) beurre
2	steaks de flétan, coupés en deux
1	mandarine, pelée et tranchée en rondelles
2	bananes, pelées et tranchées épais
125 ml	(½ tasse) crème à 35 %
5 ml	(1 c. à thé) persil frais haché
1 ml	(¼ c. à thé) paprika
	jus de 1 citron
	sel et poivre

Préchauffer le four à 70°C (150°F).

Faire chauffer le beurre dans une grande poêle à frire. Dès que le beurre est partiellement fondu, ajouter le poisson. Saler, poivrer; couvrir et faire cuire 4 minutes à feu moyen.

Arroser de jus de citron et retourner le poisson. Couvrir et continuer la cuisson 4 minutes. Bien assaisonner.

Retirer le poisson de la poêle. Tenir chaud au four.

Mettre mandarine et bananes dans la poêle; faire cuire 2 minutes à feu vif.

Incorporer crème, persil et paprika. Bien assaisonner. Faire cuire 2 minutes. Verser sur le poisson. Servir.

Crevettes frites à la poêle

(pour 4 personnes)

1 PORTION	280 CALORIES	5g GLUCIDES
39g PROTÉINES	11g LIPIDES	-- FIBRES

750 g	(1½ livre) crevettes décortiquées et nettoyées
30 ml	(2 c. à soupe) sauce soya
30 ml	(2 c. à soupe) jus de citron
1 ml	(¼ c. à thé) paprika
30 ml	(2 c. à soupe) huile végétale
2	œufs battus
	sel et poivre

Mettre crevettes, sauce soya, jus de citron et paprika dans un grand bol. Laisser mariner 15 minutes.

Faire chauffer l'huile dans une grande poêle à frire. Tremper les crevettes dans les œufs battus. Faire cuire 2 minutes de chaque côté à feu moyen. Bien assaisonner.

Égoutter les crevettes cuites sur un papier essuie-tout. Si désiré, servir avec une sauce aux prunes.

Crevettes papillon à l'ail

(pour 4 personnes)

1 PORTION	304 CALORIES	8g GLUCIDES
43g PROTÉINES	11g LIPIDES	0,6g FIBRES

45 ml	(3 c. à soupe) beurre
900 g	(2 livres) crevettes moyennes décortiquées, nettoyées et en papillon
3	gousses d'ail, écrasées et hachées
1½	piment vert, en lanières
1	gros citron, pelé et en dés
15 ml	(1 c. à soupe) persil frais haché
1 ml	(¼ c. à thé) paprika
	sel et poivre

Faire chauffer le beurre dans une grande poêle à frire. Ajouter les crevettes; faire cuire 2 minutes de chaque côté, à feu moyen-vif.

Ajouter l'ail; bien assaisonner et continuer la cuisson 1 minute.

Incorporer piment vert et citron; cuire 1 minute.

Rectifier l'assaisonnement. Ajouter persil et paprika; mélanger et servir.

Crevettes au Pernod

(pour 4 personnes)

1 PORTION	648 CALORIES	12g GLUCIDES
44g PROTÉINES	44g LIPIDES	trace

45 ml	(3 c. à soupe) beurre
900 g	(2 livres) crevettes moyennes, décortiquées et nettoyées
15 ml	(1 c. à soupe) persil frais haché
1	échalote sèche, finement hachée
5 ml	(1 c. à thé) ciboulette hachée
50 ml	(¼ tasse) Pernod
375 ml	(1½ tasse) crème à 35%
1 ml	(¼ c. à thé) sauce Tabasco
	sel et poivre

Faire chauffer le beurre dans une grande poêle à frire. Ajouter crevettes, persil, échalote et ciboulette. Faire cuire 2 minutes de chaque côté, à feu moyen-vif.

Bien assaisonner et incorporer le Pernod. Faire chauffer 2 minutes à feu vif.

À l'aide d'une écumoire, retirer les crevettes. Mettre de côté.

Remettre la poêle sur le feu. Incorporer crème et sauce Tabasco. Faire épaissir 1½ minute à feu vif.

Rectifier l'assaisonnement. Remettre les crevettes dans la sauce. Laisser mijoter 2 minutes.

Servir avec des pommes de terre à la parisienne.

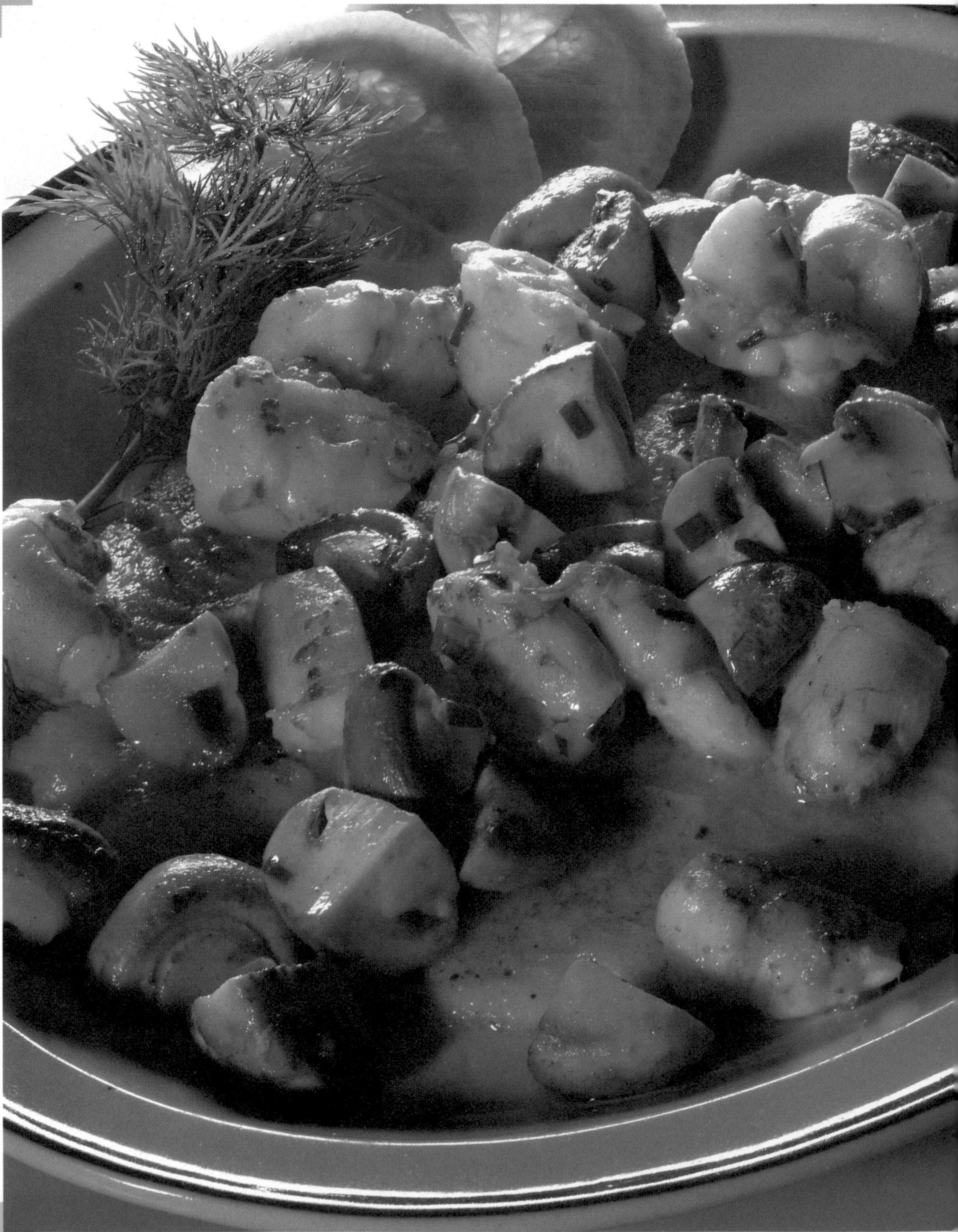

Crevettes et filets de sole grillés

(pour 4 personnes)

1 PORTION	361 CALORIES	28g GLUCIDES
43g PROTÉINES	9g LIPIDES	0,6g FIBRES

1 ml	(¼ c. à thé) paprika
250 ml	(1 tasse) farine
4	grands filets de sole
15 ml	(1 c. à soupe) huile végétale
15 ml	(1 c. à soupe) beurre
250 g	(½ livre) champignons frais, en quartiers
250 g	(½ livre) crevettes, pelées, nettoyées et coupées en trois
15 ml	(1 c. à soupe) ciboulette hachée
	sel et poivre
	jus de 1 citron

Préchauffer le four à 70°C (150°F).

Mélanger paprika et farine. Bien assaisonner. Enfariner les filets et secouer pour retirer l'excédent de farine.

Faire chauffer huile et beurre dans une grande poêle à frire. Ajouter le poisson; faire cuire 2 minutes à feu moyen-vif.

Retourner le poisson, assaisonner et continuer la cuisson 2 minutes.

Retirer le poisson de la poêle. Tenir chaud au four.

Mettre le reste des ingrédients dans la poêle; cuire 3 à 4 minutes à feu moyen-vif.

Verser sur le poisson. Servir.

Mélanger paprika et farine. Bien assaisonner. Enfariner le poisson et secouer pour retirer l'excédent de farine.

Retourner le poisson, assaisonner et continuer la cuisson 2 minutes. Retirer et tenir chaud au four.

Mettre le poisson dans huile et beurre chauds; cuire 2 minutes à feu moyen-vif.

Mettre le reste des ingrédients dans la poêle; faire cuire 3 à 4 minutes à feu moyen-vif.

Huîtres frites

(pour 4 personnes)

1 PORTION	615 CALORIES	55g GLUCIDES
20g PROTÉINES	35g LIPIDES	trace FIBRES

500 ml	(2 tasses) huîtres écaillées en vrac
250 ml	(1 tasse) farine assaisonnée
2	œufs battus
50 ml	(¼ tasse) crème légère
500 ml	(2 tasses) biscuits soda écrasés
75 ml	(⅓ tasse) huile d'arachide
	sel et poivre
	jus de citron

Enfariner les huîtres.

Mélanger œufs et crème. Tremper les huîtres dans le mélange. Enrober de biscuits écrasés.

Faire chauffer l'huile dans une sauteuse. Ajouter la moitié des huîtres; faire cuire 2 minutes de chaque côté à feu vif.

À l'aide d'une écumoire, retirer les huîtres cuites et égoutter sur du papier essuie-tout.

Faire cuire le reste des huîtres.

Servir avec du jus de citron. Si désiré, accompagner d'une sauce tartare.

Pétoncles à la va-vite

(pour 4 personnes)

1 PORTION	274 CALORIES	13g GLUCIDES
32g PROTÉINES	10g LIPIDES	1,0g FIBRES

45 ml	(3 c. à soupe) beurre
750 g	(1½ livre) pétoncles frais
500 g	(1 livre) champignons frais, en quartiers
1	échalote sèche hachée
15 ml	(1 c. à soupe) persil frais haché
15 ml	(1 c. à soupe) ciboulette hachée
	jus de 1 citron
	sel et poivre

Faire chauffer le beurre dans une grande poêle à frire. Ajouter les pétoncles et poivrer. Couvrir et cuire 2 à 3 minutes à feu moyen-vif. Retourner les pétoncles 1 fois.

Ajouter champignons et échalote; couvrir et continuer la cuisson 1 minute.

Ajouter le reste des ingrédients; bien mélanger et rectifier l'assaisonnement.

Servir immédiatement.

Sauce à l'aneth

1 RECETTE	1172 CALORIES	77g GLUCIDES
6g PROTÉINES	93g LIPIDES	0,4g FIBRES

4	branches de cresson
1	oignon vert, en dés
3	branches d'aneth
2	gousses d'ail, écrasées et hachées
15 ml	(1 c. à soupe) ciboulette hachée
250 ml	(1 tasse) mayonnaise
45 ml	(3 c. à soupe) porto
75 ml	(⅓ tasse) crème sure
	jus de 1 citron
	sel et poivre
	quelques gouttes de sauce Tabasco
	une pincée de paprika

Mettre cresson, oignon vert, aneth, ail et ciboulette dans un robot culinaire; mélanger 1 minute.

Ajouter le reste des ingrédients; mélanger 30 secondes ou jusqu'a l'obtention d'un mélange homogène.

Rectifier l'assaisonnement. Cette sauce accompagne une grande variété de poissons grillés.

Sauce Mornay

1 RECETTE	936 CALORIES	46g GLUCIDES
31g PROTÉINES	71g LIPIDES	trace FIBRES

45 ml	(3 c. à soupe) beurre
45 ml	(3 c. à soupe) farine
500 ml	(2 tasses) lait chaud
1	petit oignon
2	clous de girofle
1 ml	(¼ c. à thé) muscade
1	jaune d'œuf
15 ml	(1 c. à soupe) crème légère
50 ml	(¼ tasse) fromage gruyère finement râpé
	sel et poivre

Faire chauffer le beurre dans une casserole. Ajouter la farine; faire cuire 1 minute à feu doux en mélangeant.

Incorporer le lait; bien remuer au fouet. Piquer l'oignon de clous de girofle et mettre dans la casserole. Saupoudrer de muscade et bien assaisonner.

Faire cuire 8 minutes à feu doux en remuant de temps en temps.

Retirer l'oignon. Mélanger jaune d'œuf et crème. Incorporer à la sauce avec un fouet. Ajouter le fromage et bien mélanger.

Servir cette sauce avec un poisson.

Sauce tartare maison

1 RECETTE	970 CALORIES	57g GLUCIDES
2g PROTÉINES	84g LIPIDES	-- FIBRES

250 ml	(1 tasse) mayonnaise
30 ml	(2 c. à soupe) crème légère
1	échalote sèche, finement hachée
5 ml	(1 c. à thé) persil frais haché
5 ml	(1 c. à thé) estragon frais haché
5 ml	(1 c. à thé) moutarde sèche
	une pincée de sucre
	sel et poivre
	une pincée de paprika
	jus de citron au goût

Bien incorporer tous les ingrédients dans un bol.

Assaisonner au goût. Servir avec un poisson frit.

Coquilles aux fruits de mer variés

(pour 4 personnes)

1 PORTION	335 CALORIES	15g GLUCIDES
40g PROTÉINES	13g LIPIDES	1,0g FIBRES

30 ml	(2 c. à soupe) beurre
1	gousse d'ail, écrasée et hachée
250 ml	(1 tasse) chair de crabe, bien égouttée
375 g	(¾ livre) pétoncles
250 g	(½ livre) crevettes décortiquées et nettoyées
796 ml	(28 oz) tomates en conserve, égouttées et hachées
30 ml	(2 c. à soupe) pâte de tomates
15 ml	(1 c. à soupe) persil frais haché
125 ml	(½ tasse) fromage gruyère râpé
	sel et poivre

Faire chauffer le beurre dans une grande poêle à frire. Ajouter ail, chair de crabe, pétoncles et crevettes; bien assaisonner. Faire cuire 3 à 4 minutes à feu moyen-doux.

Incorporer les tomates et rectifier l'assaisonnement; laisser mijoter 2 à 3 minutes.

Incorporer la pâte de tomates; cuire 1 minute à feu moyen.

Verser le mélange dans un grand plat à gratin. Parsemer de persil et de fromage. Faire dorer au four.

Servir dans des plats à coquille.

Coquilles de fruits de mer

(pour 4 personnes)

1 PORTION	354 CALORIES	25g GLUCIDES
31g PROTÉINES	15g LIPIDES	1,0g FIBRES

500 ml	(2 tasses) purée de pommes de terre crémeuse
30 ml	(2 c. à soupe) beurre
1	gousse d'ail, écrasée et hachée
1	oignon vert haché
1	échalote sèche, finement hachée
300 g	(⅔ livre) champignons frais, émincés
300 g	(⅔ livre) pétoncles, grossièrement hachés
300 g	(⅔ livre) crevettes, décortiquées, nettoyées et grossièrement hachées

30 ml	(2 c. à soupe) chapelure
15 ml	(1 c. à soupe) ciboulette hachée
15 ml	(1 c. à soupe) persil frais haché
	sel et poivre
	chapelure en surplus
	beurre en surplus

Introduire la purée de pommes de terre dans un sac à pâtisserie muni d'une douille étoilée et décorer le rebord de 4 plats à coquille. Mettre de côté.

Faire chauffer 30 ml (2 c. à soupe) de beurre dans une grande poêle à frire. Ajouter ail, oignon, ciboulette et champignons; faire cuire 3 à 4 minutes à feu moyen. Bien assaisonner.

Incorporer pétoncles et crevettes; continuer la cuisson 2 à 3 minutes.

Incorporer chapelure, ciboulette et persil. Remplir les coquilles et saupoudrer du surplus de chapelure. Ajouter quelques petites noisettes de beurre.

Faire dorer quelques minutes au four.

Introduire la purée de pommes de terre dans un sac à pâtisserie muni d'une douille étoilée. Décorer le rebord de 4 plats à coquille. Mettre de côté.

Faire cuire ail, oignon vert, échalote et champignons, 3 à 4 minutes à feu moyen.

Incorporer les fruits de mer; continuer la cuisson 2 à 3 minutes.

Ajouter chapelure, ciboulette et persil; bien mélanger et remplir les coquilles. Saupoudrer du surplus de chapelure. Ajouter quelques petites noisettes de beurre. Faire dorer au four.

Coquilles de fruits de mer sur riz

(pour 4 personnes)

1 PORTION	851 CALORIES	57g GLUCIDES
39g PROTÉINES	14g LIPIDES	trace FIBRES

500 g	(1 livre) pétoncles
125 ml	(½ tasse) vin blanc sec
250 ml	(1 tasse) eau
5 ml	(1 c. à thé) beurre fondu
15 ml	(1 c. à soupe) persil frais haché
4	queues de homard cuit, décortiquées
40 ml	(2½ c. à soupe) beurre
45 ml	(3 c. à soupe) farine
2 ml	(½ c. à thé) cumin
50 ml	(¼ tasse) crème légère chaude
	jus de 1 citron
	riz cuit pour 4 personnes
	sel et poivre

Mettre pétoncles, vin, eau, beurre fondu, persil, poivre et jus de citron dans une casserole; amener à ébullition.

Ajouter le homard; couvrir et retirer la casserole du feu. Laisser reposer 2 à 3 minutes.

Retirer pétoncles et homard à l'aide d'une écumoire. Mettre de côté.

Continuer la cuisson du liquide de cuisson pendant 2 minutes à feu vif. Mettre de côté.

Faire chauffer 40 ml (2½ c. à soupe) de beurre dans une autre casserole. Ajouter la farine; faire cuire 1 minute en mélangeant constamment.

Incorporer le liquide de cuisson avec un fouet. Ajouter le cumin et cuire 1 à 2 minutes à feu moyen.

Incorporer la crème, remuer et cuire 4 à 5 minutes à feu très doux.

Remettre le poisson dans la sauce, remuer et rectifier l'assaisonnement. Laisser mijoter 1 à 2 minutes pour réchauffer.

Servir sur du riz

Cuisses de grenouilles au fromage

(pour 4 personnes)

1 PORTION	347 CALORIES	11g GLUCIDES
25g PROTÉINES	22g LIPIDES	0,5g FIBRES

15 ml	(1 c. à soupe) beurre
50 ml	(¼ tasse) céleri haché
1	échalote sèche hachée
1 ml	(¼ c. à thé) graines de fenouil
250 g	(½ livre) champignons frais, coupés en deux
16	cuisses de grenouilles, nettoyées
250 ml	(1 tasse) vin blanc sec
125 ml	(½ tasse) eau
2	branches de persil
375 ml	(1½ tasse) sauce Bercy chaude
125 ml	(½ tasse) fromage emmenthal râpé
	jus de ½ citron
	sel et poivre

Beurrer une grande poêle à frire. Ajouter le reste des ingrédients à l'exception de la sauce et du fromage.

Couvrir et faire cuire 10 à 12 minutes à feu doux, selon la grosseur des cuisses. Les cuisses sont cuites, lorsque la chair se détache facilement des os.

Dès que les cuisses sont cuites, retirer la chair des os et la mettre dans des plats à coquille. À l'aide d'une écumoire, retirer les champignons de la poêle et les mettre dans les plats à coquille.

Remettre la poêle contenant le bouillon de cuisson à feu vif; faire chauffer 3 à 4 minutes.

Incorporer la sauce Bercy; continuer la cuisson 2 minutes. Rectifier l'assaisonnement.

Verser la sauce dans les coquilles. Parsemer de fromage. Faire dorer au four pendant quelques minutes.

Coquilles Saint-Jacques

(pour 4 personnes)

1 PORTION	427 CALORIES	16g GLUCIDES
37g PROTÉINES	20g LIPIDES	0,5g FIBRES

60 ml	(4 c. à soupe) beurre
250 g	(½ livre) champignons frais, en quartiers
2	échalotes sèches, finement hachées
1 ml	(¼ c. à thé) paprika
5 ml	(1 c. à thé) persil frais finement haché
750 g	(1½ livre) pétoncles
125 ml	(½ tasse) vin blanc sec
60 ml	(4 c. à soupe) farine
1 ml	(¼ c. à thé) graines de fenouil
375 ml	(1½ tasse) bouillon de poulet ou poisson, chaud
30 ml	(2 c. à soupe) crème à 35%
125 ml	(½ tasse) fromage gruyère râpé
	sel et poivre

À l'aide d'un papier, étendre 2 ml (½ c. à thé) de beurre sur la surface d'une poêle à frire. Ajouter champignons, échalotes, paprika et persil.

Ajouter pétoncles et vin. Bien assaisonner de poivre; couvrir et amener à ébullition à feu moyen-vif.

Retourner les pétoncles et retirer la poêle du feu. Laisser reposer 30 secondes.

À l'aide d'une écumoire, retirer les pétoncles de la poêle; mettre de côté. Verser le reste des ingrédients de la poêle dans un bol; mettre de côté.

Faire fondre le reste du beurre dans une casserole. Ajouter la farine; mélanger et faire cuire 1 minute à feu doux en remuant constamment.

Verser champignons et liquide du bol dans la sauce. Ajouter les graines de fenouil et bien incorporer.

Ajouter le bouillon de poulet, remuer et assaisonner. Incorporer la crème et amener à ébullition; cuire 8 minutes à feu doux.

Remettre les pétoncles dans la sauce et laisser mijoter 1 minute pour réchauffer. Placer le mélange dans des coquilles individuelles. Déposer le tout dans un plat allant au four.

Parsemer de fromage et dorer au four.

Mettre champignons, échalotes, paprika et persil dans la poêle beurrée.

Ajouter pétoncles et vin; bien assaisonner de poivre. Couvrir et amener à ébullition à feu moyen-vif.

À l'aide d'une écumoire, retirer les pétoncles et mettre de côté. Verser le reste des ingrédients et le liquide de cuisson dans un bol.

Faire cuire le mélange de farine. Ajouter champignons et liquide de cuisson. Ajouter les graines de fenouil et bien incorporer.

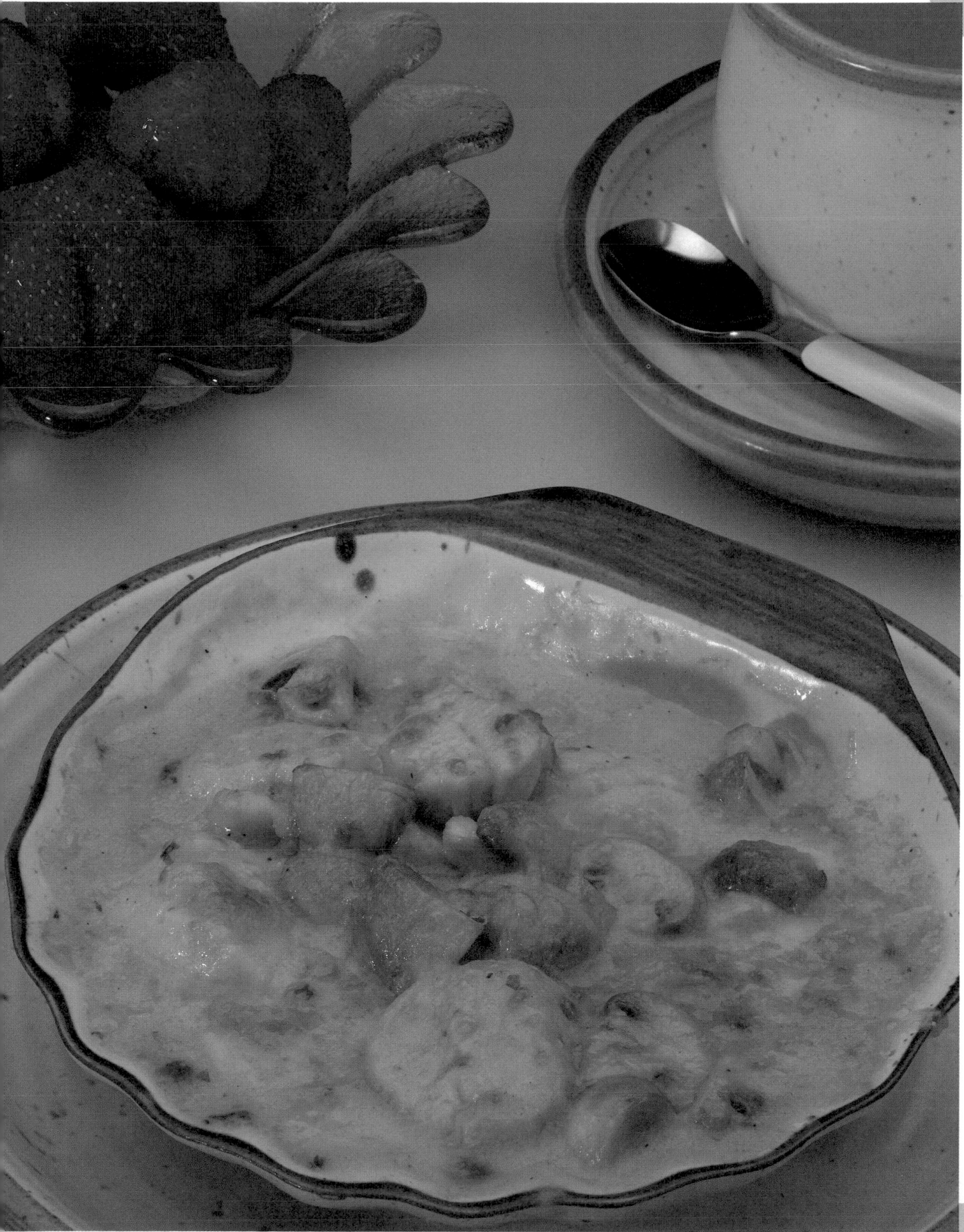

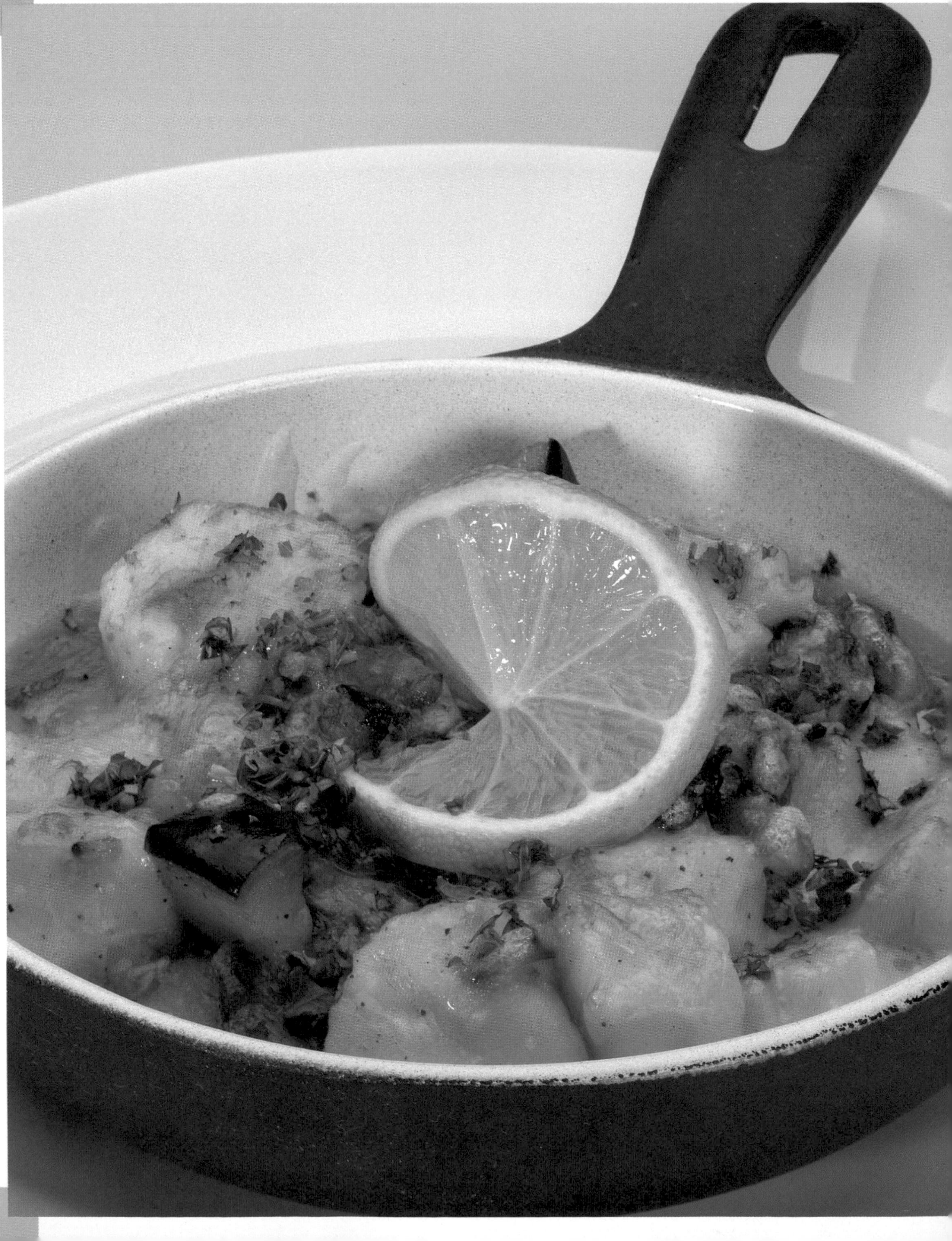

Coquilles de pétoncles à l'emmenthal

(pour 4 personnes)

1 PORTION	327 CALORIES	15g GLUCIDES
30g PROTÉINES	17g LIPIDES	2,0 FIBRES

30 ml	(2 c. à soupe) huile végétale
1	oignon moyen, haché
1	aubergine avec la peau, coupée en dés
2 ml	(½ c. à thé) origan
15 ml	(1 c. à soupe) gingembre frais haché
500 g	(1 livre) pétoncles
250 ml	(1 tasse) fromage emmenthal râpé
5 ml	(1 c. à thé) persil frais haché
	une pincée de paprika
	sel et poivre
	tranches de limette

Faire chauffer l'huile dans une grande poêle à frire. Ajouter les oignons; couvrir et cuire 2 à 3 minutes à feu moyen-doux.

Ajouter aubergine et épices; couvrir et continuer la cuisson 6 à 7 minutes à feu moyen.

Incorporer les pétoncles et bien assaisonner. Couvrir et cuire 3 à 4 minutes à feu moyen; remuer de temps en temps.

Incorporer la moitié du fromage; cuire 1 minute sans couvrir.

Placer le mélange dans des plats à coquille. Parsemer de fromage et faire dorer au four. Garnir de tranches de limette. Parsemer de persil haché.

Pétoncles, sauce à l'ail

(pour 4 personnes)

1 PORTION	371 CALORIES	16g GLUCIDES
31g PROTÉINES	19g LIPIDES	0,6g FIBRES

60 ml	(4 c. à soupe) beurre
2	gousses d'ail, écrasées et hachées
5 ml	(1 c. à thé) ciboulette hachée
1 ml	(¼ c. à thé) graines de fenouil
2	petites courgettes, en dés
55 ml	(3½ c. à soupe) farine
625 ml	(2½ tasses) bouillon de poulet léger, chaud
625 g	(1¼ livre) pétoncles cuits, coupés en 2
45 ml	(3 c. à soupe) crème à 35%
50 ml	(¼ tasse) fromage parmesan râpé
	sel et poivre
	quelques gouttes de jus de citron

Faire chauffer le beurre dans une casserole. Ajouter ail, ciboulette, fenouil et courgettes; bien assaisonner. Faire cuire 4 à 5 minutes à feu moyen; remuer de temps en temps.

Incorporer la farine; cuire 1 minute à feu doux.

Incorporer le bouillon de poulet; remuer et amener au point d'ébullition. Assaisonner et cuire 6 à 8 minutes à feu doux.

Ajouter pétoncles, crème et jus de citron; faire cuire 1 minute.

Placer le mélange dans des plats à coquille. Saupoudrer de fromage. Servir.

Coquilles de poisson aux légumes

(pour 4 personnes)

1 PORTION	517 CALORIES	25g GLUCIDES
30g PROTÉINES	33g LIPIDES	1,0g FIBRES

4	grosses carottes, pelées
1	pomme de terre, pelée
15 ml	(1 c. à soupe) beurre
30 à 45 ml	(2 à 3 c. à soupe) crème légère chaude
500 ml	(2 tasses) saumon cuit, émietté
375 ml	(1½ tasse) sauce blanche chaude
30 ml	(2 c. à soupe) grosse chapelure
	sel et poivre
	quelques gouttes de beurre fondu

Faire cuire carottes et pomme de terre dans de l'eau bouillante, salée. Égoutter et mettre en purée dans un moulin à légumes. Mettre dans un bol.

Ajouter beurre et crème; assaisonner et mélanger pour bien incorporer.

Décorer le contour de 4 plats à coquille de purée de carottes. Mettre de côté.

Mélanger saumon et sauce blanche dans un bol; bien assaisonner. Placer le mélange au milieu de chaque coquille.

Saupoudrer de chapelure et arroser de beurre fondu. Faire dorer au four.

Coquilles de crevettes aux tomates

(pour 4 personnes)

1 PORTION	261 CALORIES	12g GLUCIDES
35g PROTÉINES	8g LIPIDES	1,0g FIBRES

30 ml	(2 c. à soupe) huile d'olive
750 g	(1½ livre) crevettes, décortiquées et nettoyées
2	gousses d'ail, écrasées et hachées
796 ml	(28 oz) tomates en conserve, égouttées et hachées
5 ml	(1 c. à thé) persil frais haché
1 ml	(¼ c. à thé) graines de fenouil
2 ml	(½ c. à thé) jus de limette
	sel et poivre
	une pincée de sucre

Faire chauffer l'huile dans une grande poêle à frire. Ajouter crevettes et ail; assaisonner et cuire 3 à 4 minutes à feu vif. Remuer de temps en temps.

Retirer les crevettes de la poêle. Mettre de côté.

Placer tomates et persil dans la poêle. Saler, poivrer et ajouter les graines de fenouil; cuire 4 à 5 minutes à feu vif en remuant de temps en temps.

Incorporer jus de limette et sucre. Remettre les crevettes dans la poêle. Laisser mijoter 1 minute pour réchauffer.

Mettre dans 4 plats à coquille. Servir avec des légumes.

Décortiquer et nettoyer les crevettes. **1**
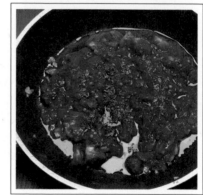

3 Retirer les crevettes de la poêle. Mettre de côté.

Faire cuire crevettes et ail dans l'huile chaude, 3 à 4 minutes à feu vif. **2**
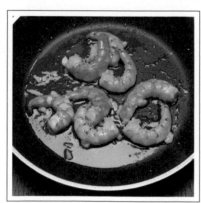

4 Placer tomates et persil dans la poêle. Saler, poivrer et ajouter les graines de fenouil; faire cuire 4 à 5 minutes à feu vif.

Crevettes côtières

(pour 4 personnes)

1 PORTION	627 CALORIES	49g GLUCIDES
48g PROTÉINES	26g LIPIDES	1,0g FIBRES

45 ml	(3 c. à soupe) beurre
1	petit oignon, haché
250 ml	(1 tasse) riz à longs grains, rincé
375 ml	(1½ tasse) bouillon de poulet léger, chaud
175 ml	(¾ tasse) fromage gruyère râpé
750 g	(1½ livre) petites crevettes, décortiquées et nettoyées
375 ml	(1½ tasse) sauce au paprika, chaude
45 ml	(3 c. à soupe) grosse chapelure
	sel et poivre

Préchauffer le four à 180°C (350°F).

Faire chauffer 15 ml (1 c. à soupe) de beurre dans une casserole allant au four. Ajouter l'oignon ; faire cuire 2 minutes à feu moyen.

Incorporer le riz; cuire 2 minutes à feu vif.

Ajouter le bouillon de poulet; bien remuer. Assaisonner; couvrir et cuire 18 minutes au four.

Quatre minutes avant la fin de la cuisson, incorporer le fromage; couvrir et finir la cuisson.

Retirer le riz cuit du four. Bien mélanger à la fourchette. Mettre de côté.

Faire chauffer le reste du beurre dans une poêle à frire. Ajouter les crevettes; cuire 3 minutes à feu moyen-vif. Remuer une fois et assaisonner.

Étendre une couche de riz dans le fond de chaque plat à coquille. Ajouter les crevettes et recouvrir de sauce.

Parsemer de chapelure. Faire dorer au four pendant quelques minutes.

Coquilles de crevettes et courgettes

(pour 4 personnes)

1 PORTION	381 CALORIES	24g GLUCIDES
30g PROTÉINES	18g LIPIDES	1,0g FIBRES

5 ml	(1 c. à thé) beurre
500 g	(1 livre) crevettes, décortiquées et nettoyées
2	courgettes, en tranches de 1,2 cm (½ po) d'épaisseur
50 ml	(¼ tasse) vin blanc sec
250 ml	(1 tasse) eau
2 ml	(½ c. à thé) graines de fenouil
375 ml	(1½ tasse) sauce blanche épaisse, chaude
45 ml	(3 c. à soupe) chapelure
	jus de 1 citron
	sel et poivre
	quelques gouttes de sauce Tabasco

Beurrer le fond d'une sauteuse. Ajouter crevettes, courgettes, vin, eau, graines de fenouil et jus de citron. Couvrir et amener au point d'ébullition à feu moyen.

Retourner les crevettes; couvrir et continuer la cuisson 1 minute.

À l'aide d'une écumoire, retirer crevettes et courgettes de la sauteuse; mettre de côté.

Amener le liquide de cuisson à ébullition sans couvrir. Faire chauffer 5 minutes à feu vif pour réduire le liquide des ¾.

Incorporer sauce blanche, sel, poivre et sauce Tabasco. Faire cuire 1 à 2 minutes à feu moyen.

Remettre crevettes et courgettes dans la sauce; bien mélanger.

Placer le mélange dans des plats à coquille. Saupoudrer de chapelure. Faire dorer quelques minutes au four.

Crevettes
à la provençale
(pour 4 personnes)

1 PORTION	292 CALORIES	7g GLUCIDES
35g PROTÉINES	13g LIPIDES	0,5g FIBRES

45 ml	(3 c. à soupe) huile d'olive
750 g	(1 ½ livre) crevettes, décortiquées et nettoyées
3	gousses d'ail, écrasées et hachées
1	piment rouge émincé
½	courgette, coupée en deux sur la longueur et émincée
15 ml	(1 c. à soupe) origan frais haché
15 ml	(1 c. à soupe) persil frais haché
45 ml	(3 c. à soupe) fromage parmesan râpé
	sel et poivre
	jus de ½ citron

Faire chauffer 30 ml (2 c. à soupe) d'huile dans une grande poêle à frire. Ajouter crevettes et ail; bien assaisonner. Faire cuire 2 à 3 minutes de chaque côté à feu vif. Remuer de temps en temps.

Retirer les crevettes de la poêle. Mettre de côté.

Faire chauffer le restant d'huile dans la poêle. Ajouter légumes, origan et persil; cuire 2 à 3 minutes à feu moyen-vif. Bien assaisonner et arroser de jus de citron.

Remettre les crevettes dans la poêle, mélanger et cuire 1 minute.

Placer le mélange dans des plats à coquille, parsemer de fromage et faire dorer au four.

Coquilles de homard aux poireaux

(pour 4 personnes)

1 PORTION	334 CALORIES	10g GLUCIDES
20g PROTÉINES	24g LIPIDES	trace FIBRES

30 ml	(2 c. à soupe) beurre fondu
30 ml	(2 c. à soupe) échalotes sèches hachées
2	poireaux, le blanc seulement, bien lavé et finement haché
2 ml	(½ c. à thé) fenouil
375 ml	(1½ tasse) chair de homard cuit, hachée
375 ml	(1½ tasse) sauce blanche chaude
125 ml	(½ tasse) fromage gruyère râpé
	sel et poivre

Faire chauffer le beurre dans une casserole. Ajouter les échalotes; cuire 1 minute à feu moyen.

Ajouter poireaux et fenouil; bien assaisonner. Couvrir et faire cuire 8 à 10 minutes à feu moyen-doux.

Incorporer la chair de homard. Ajouter la sauce blanche et remuer. Assaisonner et laisser mijoter 3 minutes sans couvrir.

Placer le mélange dans des plats à coquille et parsemer de fromage. Faire dorer au four.

Coquilles suprêmes

(pour 4 personnes)

1 PORTION	444 CALORIES	13g GLUCIDES
57g PROTÉINES	16g LIPIDES	trace FIBRES

15 ml	(1 c. à soupe) beurre
2 kg	(4½ livres) moules, cuites* et ôtées de leur coquille
320 g	(11,03 oz) chair de homard en conserve, hachée
15 ml	(1 c. à soupe) câpres
30 ml	(2 c. à soupe) fécule de maïs
60 ml	(4 c. à soupe) eau froide
175 ml	(¾ tasse) fromage gruyère râpé
	persil frais haché
	sel et poivre

* Passer le liquide de cuisson à travers une gaze à fromage et le réserver pour cette recette.

Faire chauffer le beurre dans une grande poêle à frire. Ajouter moules, chair de homard et câpres; faire cuire 2 à 3 minutes à feu moyen.

Poivrer et incorporer le liquide réservé; amener à ébullition.

Délayer fécule de maïs et eau froide. Incorporer à la sauce et faire cuire 1 minute à feu moyen.

Ajouter 75 ml (⅓ tasse) de fromage; continuer la cuisson 1 minute.

Verser le mélange dans un grand plat à gratin. Saupoudrer de fromage et parsemer de persil. Faire dorer au four.

Servir dans des plats à coquille.

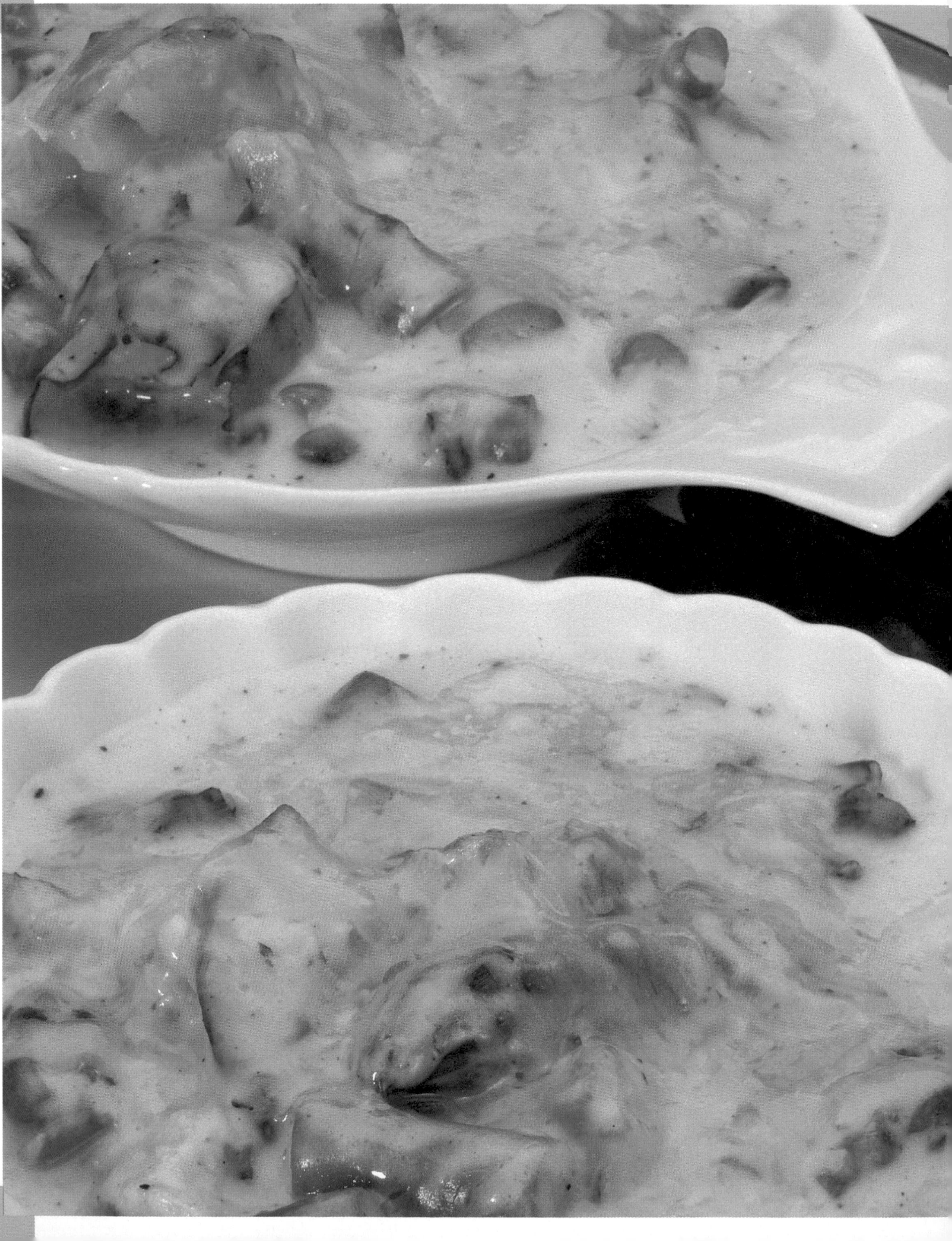

Coquilles de homard aux asperges

(pour 4 personnes)

1 PORTION	426 CALORIES	11g GLUCIDES
35g PROTÉINES	27g LIPIDES	trace FIBRES

55 ml	(3½ c. à soupe) beurre
1	échalote sèche, finement hachée
500 g	(1 livre) chair de homard, décongelée, égouttée et coupée en dés
1	botte d'asperges fraîches, cuites et en dés
1 ml	(¼ c. à thé) jus de citron
45 ml	(3 c. à soupe) farine
500 ml	(2 tasses) lait chaud
1 ml	(¼ c. à thé) muscade
250 ml	(1 tasse) fromage emmenthal râpé
	sel et poivre
	une pincée de clou de girofle

Faire chauffer 5 ml (1 c. à thé) de beurre dans une casserole. Ajouter l'échalote; faire cuire 1 minute à feu moyen.

Incorporer homard, asperges et jus de citron; couvrir et laisser mijoter 6 à 7 minutes à feu très doux.

Faire chauffer le reste du beurre dans une autre casserole. Incorporer la farine; faire cuire 2 minutes à feu doux en mélangeant constamment.

Incorporer le lait et assaisonner de muscade et de clou de girofle. Bien mélanger au fouet. Rectifier l'assaisonnement; faire cuire 6 à 7 minutes à feu doux.

Incorporer le mélange de homard à la sauce. Ajouter la moitié du fromage; laisser mijoter 1 à 2 minutes.

Placer le mélange dans quatre plats à coquille. Parsemer de fromage et faire dorer au four.

Coquilles maritimes

(pour 4 personnes)

1 PORTION	252 CALORIES	12g GLUCIDES
21g PROTÉINES	11g LIPIDES	0,7g FIBRES

15 ml	(1 c. à soupe) beurre fondu
5	feuilles de basilic, hachées
3	grosses tomates, pelées, épépinées et hachées
1	gousse d'ail, écrasée et hachée
50 ml	(¼ tasse) crème à 35%
500 ml	(2 tasses) moules cuites écaillées
125 ml	(½ tasse) fromage mozzarella râpé
	quelques gouttes de jus de citron
	quelques gouttes de sauce Tabasco
	sel et poivre

Faire chauffer le beurre dans une casserole. Ajouter le basilic; couvrir et cuire 3 à 4 minutes à feu moyen-doux. Remuer deux fois durant la cuisson.

Ajouter tomates et ail; bien assaisonner et cuire 5 à 6 minutes à feu vif sans couvrir.

Incorporer la crème et continuer la cuisson 2 minutes.

Ajouter moules, jus de citron et sauce Tabasco; bien remuer.

Placer dans des plats à coquille. Parsemer de fromage et faire dorer quelques minutes au four.

Coquilles aux moules

(pour 4 personnes)

1 PORTION	575 CALORIES	17g GLUCIDES
39g PROTÉINES	36g LIPIDES	-- FIBRES

1,6 kg	(3½ livres) moules fraîches, bien nettoyées
60 ml	(4 c. à soupe) beurre
125 ml	(½ tasse) vin blanc sec
125 ml	(½ tasse) eau froide
1	échalote sèche, finement hachée
300 ml	(1¼ tasse) sauce blanche épaisse, chaude
1 ml	(¼ c. à thé) paprika
175 ml	(¾ tasse) fromage gruyère râpé
	sel et poivre

Mettre moules, beurre et vin dans une grande casserole. Ajouter eau et échalote; couvrir et amener à ébullition. Faire cuire jusqu'à ce que les coquilles s'ouvrent.

Retirer la casserole du feu. Retirer les moules de leur coquille en vidant le jus des coquilles dans la casserole. Mettre les moules de côté. Jeter les coquilles.

Passer le liquide de cuisson à travers une gaze à fromage. Verser le liquide dans une casserole. Amener à ébullition et faire cuire 4 à 5 minutes.

Incorporer sauce blanche et paprika; bien assaisonner. Cuire 3 à 4 minutes à feu doux.

Incorporer 125 ml (½ tasse) de fromage; continuer la cuisson 1 minute à feu doux.

Retirer la casserole du feu. Incorporer les moules et bien mélanger. Placer le mélange dans des plats à coquille. Parsemer de fromage. Faire dorer au four.

Bien examiner les moules avant la cuisson. Jeter celles qui sont ouvertes.

Mettre moules, beurre, vin et eau dans une casserole; couvrir et faire cuire.

Dès que les moules sont ouvertes, retirer la casserole du feu.

Retirer les moules de leur coquille. Vider le jus des moules dans la casserole.

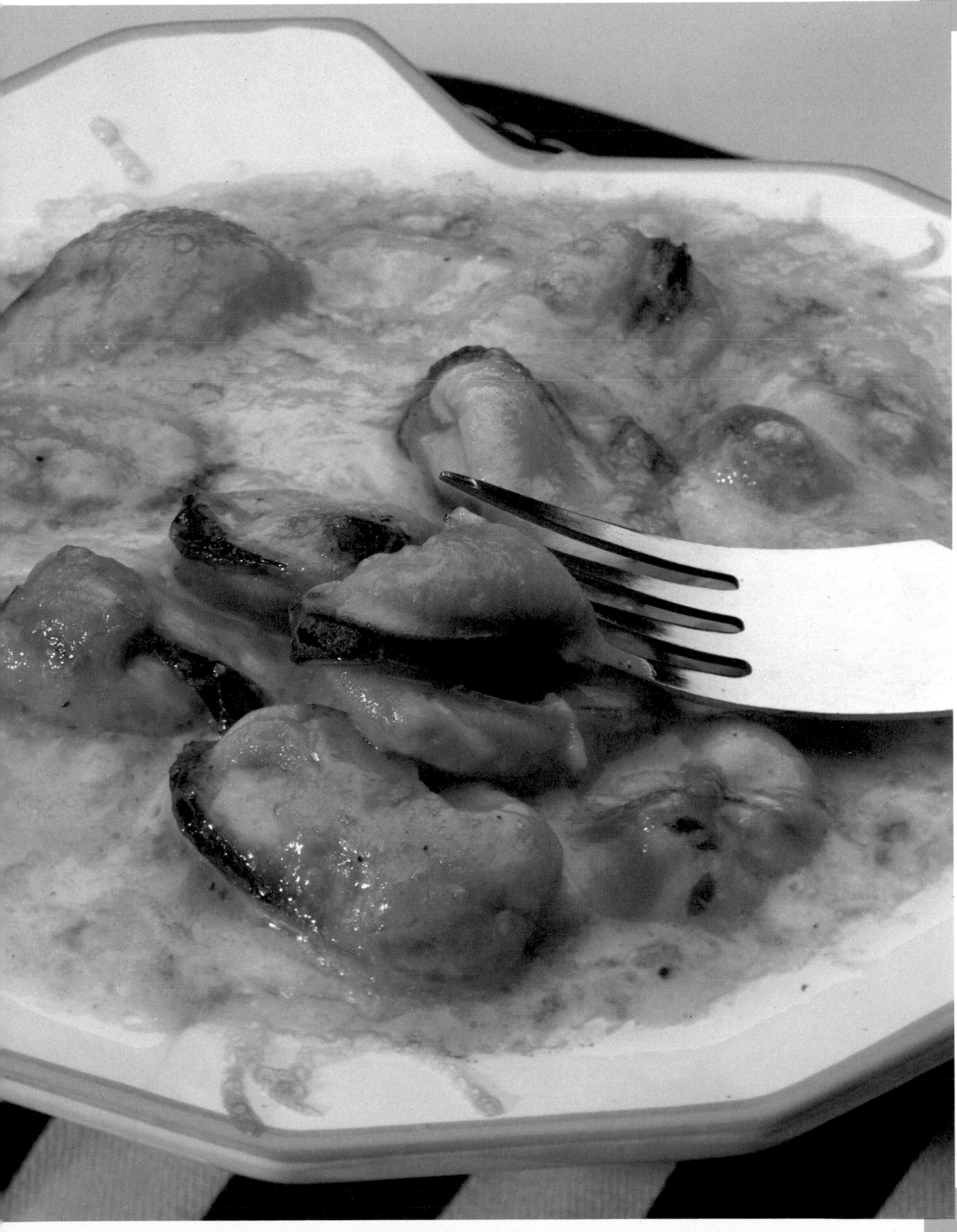

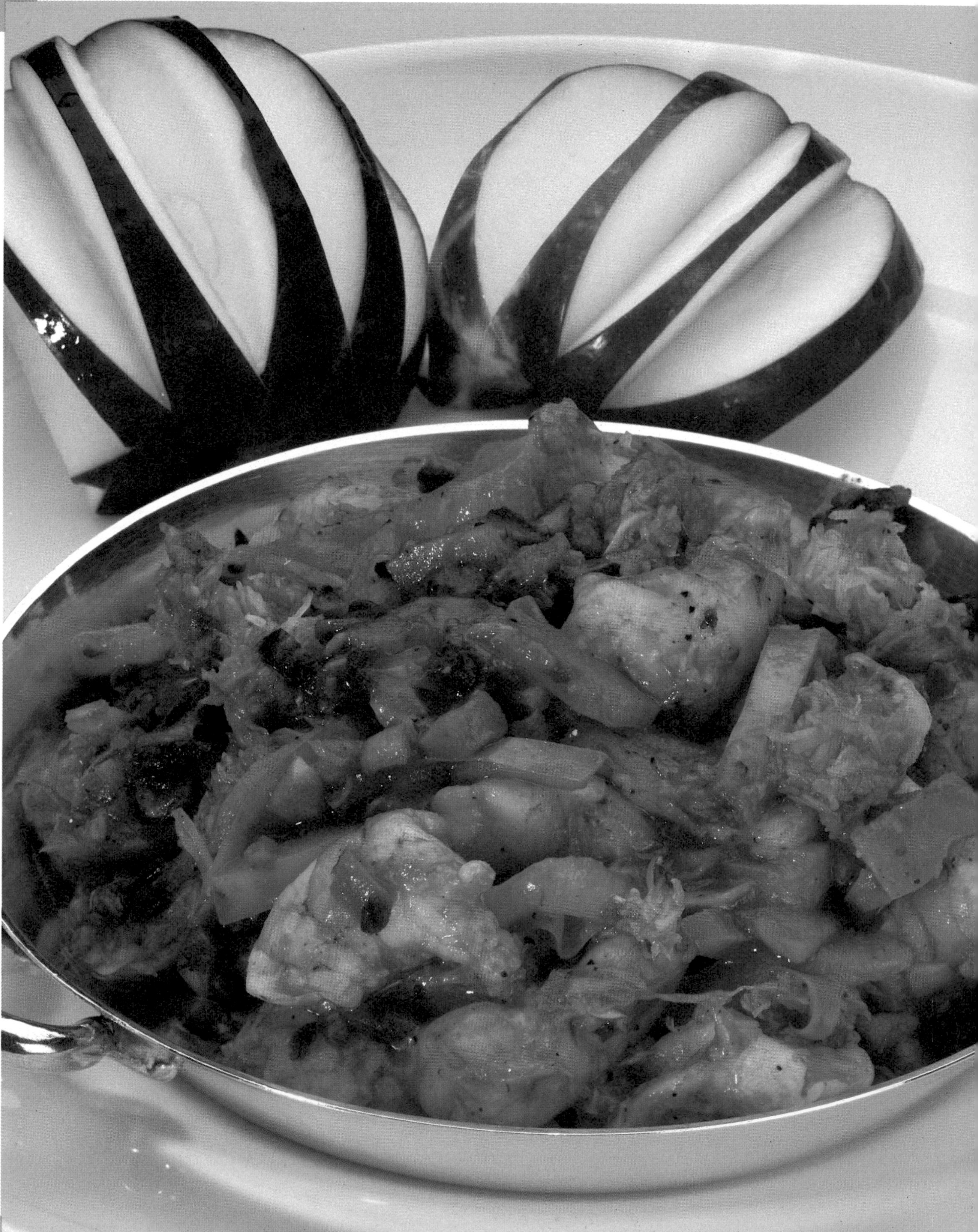

Coquilles à la chair de crabe

(pour 4 personnes)

1 PORTION	330 CALORIES	8g GLUCIDES
34g PROTÉINES	18g LIPIDES	0,8 FIBRES

30 ml	(2 c. à soupe) huile végétale
1	piment jaune, émincé
1	échalote sèche, finement hachée
250 g	(½ livre) champignons frais, finement hachés
30 ml	(2 c. à soupe) pâte de tomates
12	crevettes décortiquées, nettoyées et coupées en 3
200 g	(7 oz) chair de crabe en conserve, hachée
1 ml	(¼ c. à thé) graines de fenouil
5 ml	(1 c. à thé) ciboulette hachée
250 ml	(1 tasse) fromage cheddar râpé
	sel et poivre

Faire chauffer l'huile dans une grande poêle à frire. Ajouter piment, échalote et champignons. Assaisonner; couvrir et faire cuire 5 à 6 minutes à feu moyen.

Incorporer pâte de tomates, crevettes, chair de crabe, graines de fenouil et ciboulette. Couvrir et faire cuire 3 minutes à feu moyen.

Incorporer la moitié du fromage; faire cuire 1 minute sans couvrir.

Rectifier l'assaisonnement. Placer le mélange dans quatre plats à coquille. Parsemer de fromage et faire dorer au four.

Chair de crabe au mozzarella

(pour 4 personnes)

1 PORTION	461 CALORIES	12g GLUCIDES
33g PROTÉINES	31g LIPIDES	trace FIBRES

15 ml	(1 c. à soupe) beurre
½	petit oignon, haché
¼	branche de céleri, hachée
2	œufs durs, tranchés
500 ml	(2 tasses) chair de crabe cuite, en dés ou hachée
500 ml	(2 tasses) sauce au fromage chaude
125 ml	(½ tasse) fromage mozzarella râpé
	quelques gouttes de jus de limette
	sel et poivre

Faire chauffer le beurre dans une casserole. Ajouter oignon et céleri; couvrir et faire cuire 3 minutes à feu moyen.

Ajouter œufs, chair de crabe, jus de limette et sauce au fromage; remuer délicatement. Bien assaisonner et laisser mijoter 2 à 3 minutes.

Placer le mélange dans des plats à coquille et parsemer de fromage. Faire dorer au four.

Délicieuses coquilles d'huîtres

(pour 4 personnes)

1 PORTION	264 CALORIES	12g GLUCIDES
17g PROTÉINES	16g LIPIDES	trace FIBRES

45 ml	(3 c. à soupe) beurre
1	petit oignon haché
1	petite carotte, pelée et en petits dés
¼	branche de céleri, en dés
55 ml	(3½ c. à soupe) farine
625 ml	(2½ tasses) bouillon de poulet chaud
2 ml	(½ c. à thé) basilic
425 ml	(1¾ tasse) huîtres écaillées en vrac, cuites
125 ml	(½ tasse) fromage gruyère râpé
	quelques gouttes de sauce Tabasco
	sel et poivre

Faire chauffer le beurre dans une casserole. Ajouter oignon, carotte et céleri; couvrir et cuire 5 minutes à feu moyen.

Ajouter la farine; bien mélanger et cuire 1 minute à feu doux.

Incorporer le bouillon de poulet et bien remuer. Ajouter basilic et sauce Tabasco. Bien assaisonner et cuire 7 à 8 minutes à feu doux sans couvrir.

Incorporer les huîtres; laisser mijoter 2 à 3 minutes.

Mettre le mélange dans des plats à coquille, parsemer de fromage et dorer au four.

Coquilles à l'hawaïenne

(pour 4 personnes)

1 PORTION	295 CALORIES	10g GLUCIDES
32g PROTÉINES	13g LIPIDES	trace FIBRES

4	petits steaks de flétan
4	tranches d'ananas
15 ml	(1 c. à soupe) persil frais haché
15 ml	(1 c. à soupe) beurre fondu
500 ml	(2 tasses) eau
30 ml	(2 c. à soupe) fécule de maïs
60 ml	(4 c. à soupe) eau froide
50 ml	(¼ tasse) crème légère chaude

1 ml	(¼ c. à thé) paprika
1 ml	(¼ c. à thé) sauce Tabasco
4 à 6	petites tranches carrées de fromage mozzarella
	sel et poivre

Mettre poisson, ananas, persil, beurre et 500 ml (2 tasses) d'eau dans une grande poêle à frire. Couvrir et amener à ébullition.

Retourner le poisson; couvrir et continuer la cuisson 3 minutes à feu doux ou selon la grosseur.

Dès que l'os se détache facilement, le poisson est cuit. Retirer de la poêle et mettre de côté.

Remettre la poêle sur l'élément et amener le liquide à ébullition. Délayer fécule de maïs et eau froide; incorporer au liquide et cuire 2 à 3 minutes à feu vif.

Incorporer la crème. Saler, poivrer et assaisonner de paprika et sauce Tabasco. Faire cuire 2 minutes à feu moyen-vif.

Retirer l'os et défaire le poisson en morceaux. Mettre dans la sauce et ajouter le fromage. Faire chauffer 2 minutes à feu doux.

Servir dans des plats à coquille ou des assiettes individuelles.

L'ananas frais donnera beaucoup de saveur à ce plat.

Mettre poisson, ananas, persil, beurre et 500 ml (2 tasses) d'eau dans une grande poêle à frire. Couvrir et amener à ébullition.

Retourner le poisson; couvrir et continuer la cuisson 3 minutes à feu doux ou selon la grosseur.

Dès que l'os se détache facilement, le poisson est cuit.

Coquilles de sole au gratin

(pour 4 personnes)

1 PORTION	337 CALORIES	9g GLUCIDES
29g PROTÉINES	18g LIPIDES	trace FIBRES

4	filets de sole
1 ml	(¼ c. à thé) graines de fenouil
3 à 4	feuilles de menthe fraîche
125 g	(¼ livre) champignons frais, tranchés épais
125 ml	(½ tasse) vin blanc sec
250 ml	(1 tasse) eau
45 ml	(3 c. à soupe) beurre
55 ml	(3½ c. à soupe) farine
175 ml	(¾ tasse) fromage cheddar râpé
	beurre en surplus
	jus de 1 citron
	sel et poivre

Beurrer légèrement une poêle à frire. Ajouter poisson, graines de fenouil, menthe, champignons et jus de citron; bien assaisonner.

Incorporer vin et eau; couvrir et amener à ébullition.

Retourner le poisson. Retirer la poêle du feu. Laisser reposer le poisson dans le liquide chaud pendant 1 minute.

Retirer le poisson de la poêle. Mettre de côté.

Remettre la poêle sur l'élément et cuire le liquide de cuisson 2 à 3 minutes à feu vif. Mettre de côté.

Faire chauffer 45 ml (3 c. à soupe) de beurre dans une casserole. Ajouter la farine; faire cuire 1 minute en mélangeant constamment.

Ajouter liquide de cuisson et champignons; bien remuer et assaisonner. Cuire 8 minutes à feu doux.

Défaire le poisson en morceaux et le mettre dans des plats à coquille. Arroser de sauce aux champignons. Parsemer de fromage. Faire dorer au four.

Mettre poisson, graines de fenouil, menthe, champignons et jus de citron dans une poêle légèrement beurrée. Bien assaisonner.

Retirer le poisson cuit de la poêle et mettre de côté.

Ajouter vin et eau; couvrir et amener à ébullition.

Incorporer liquide de cuisson et champignons au mélange de farine; bien remuer et assaisonner. Cuire 8 minutes à feu doux.

Mettre 45 ml
(3 c. à soupe) de
beurre et la menthe
dans une casserole.
Faire fondre à feu
moyen.

Ajouter échalote
et poudre de cari;
cuire 1 minute à feu
moyen.

Incorporer le lait
au fouet. Assaisonner
au goût. Faire cuire 7
à 8 minutes à feu
doux.

Incorporer le lait
au fouet. Assaisonner
au goût. Faire cuire 7
à 8 minutes à feu
doux.

Roulade de sole à la menthe

(pour 4 personnes)

1 PORTION	377 CALORIES	16g GLUCIDES
29g PROTÉINES	22g LIPIDES	trace FIBRES

45 ml	(3 c. à soupe) beurre
3	branches de menthe fraîche, hachées
1	échalote sèche hachée
15 ml	(1 c. à soupe) poudre de cari
55 ml	(3½ c. à soupe) farine
500 ml	(2 tasses) lait chaud
4	filets de sole
375 ml	(1½ tasse) eau
15 ml	(1 c. à soupe) beurre fondu
1	oignon émincé
15 ml	(1 c. à soupe) persil frais haché
60 ml	(4 c. à soupe) amandes effilées
	sel et poivre
	jus de ½ citron

Mettre 45 ml (3 c. à soupe) de beurre et la menthe dans une casserole. Faire fondre à feu moyen.

Ajouter échalote et poudre de cari; cuire 1 minute à feu moyen.

Incorporer la farine avec une cuiller en bois; cuire 2 minutes à feu doux.

Incorporer le lait au fouet. Assaisonner au goût. Faire cuire 7 à 8 minutes à feu doux.

Entre-temps, rouler les filets sans les ficeler et les placer dans une grande sauteuse. Ajouter eau, beurre fondu, oignon, persil, jus de citron, sel et poivre. Couvrir et amener à ébullition.

Retourner les filets; couvrir et continuer la cuisson 2 à 3 minutes à feu doux.

Placer un rouleau de poisson dans 4 plats à coquille. Napper de sauce à la menthe. Parsemer d'amandes et faire dorer au four.

Coquilles de sole aux épinards

(pour 4 personnes)

1 PORTION	303 CALORIES	21g GLUCIDES
24g PROTÉINES	14g LIPIDES	1,0g FIBRES

15 ml	(1 c. à soupe) huile végétale
4	tranches épaisses de tomate
125 ml	(½ tasse) chapelure
375 ml	(1½ tasse) épinards cuits, bien égouttés et hachés
3	filets de sole cuits, en morceaux de 4 cm (1½ po)
375 ml	(1½ tasse) sauce au cari, chaude
60 ml	(4 c. à soupe) noix de coco râpée
	sel et poivre

Faire chauffer l'huile dans une poêle à frire. Enrober les tomates de chapelure et les faire brunir des deux côtés dans l'huile chaude. Retirer et égoutter sur du papier essuie-tout.

Étendre les épinards dans le fond de grands plats à coquille. Placer une tranche de tomate dans chaque plat.

Parsemer de morceaux de poisson et recouvrir de sauce au cari. Bien assaisonner.

Saupoudrer de noix de coco. Faire dorer quelques minutes au four.

Coquilles trompe-œil

(pour 4 personnes)

1 PORTION	350 CALORIES	15g GLUCIDES
30g PROTÉINES	19g LIPIDES	0,8g FIBRES

2	paquets d'épinards de 284 g (10 oz), cuits
4	petits filets de turbot
½	courgette émincée
1	grosse branche de persil
1 ml	(¼ c. à thé) graines de céleri
1 à 2	tranches de citron
375 ml	(1½ tasse) sauce blanche chaude
125 ml	(½ tasse) fromage gruyère râpé
1 ml	(¼ c. à thé) paprika
	sel et poivre
	beurre fondu

Former une boule avec les épinards cuits et bien les presser pour retirer l'excédent d'eau. Hacher et étendre les épinards dans un plat à gratin. Mettre de côté.

Placer poisson, courgette, persil, graines de céleri et citron dans une grande poêle à frire. Saler, poivrer. Verser suffisamment d'eau pour couvrir. Placer un couvercle sur la poêle et amener le tout à ébullition.

Retirer le poisson et le disposer sur les épinards. Jeter le reste des ingrédients.

Recouvrir le poisson de sauce blanche. Parsemer de fromage et paprika. Arroser le tout d'un petit peu de beurre fondu. Faire dorer au four.

Servir dans des coquilles individuelles.

Étendre les épinards hachés dans un plat à gratin. Mettre de côté.

Mettre poisson, courgette, persil, graines de céleri et citron dans une grande poêle. Saler, poivrer et ajouter suffisamment d'eau pour couvrir. Placer un couvercle sur la poêle et amener le tout à ébullition.

Retirer le poisson de la poêle et le disposer sur les épinards.

Recouvrir le poisson de sauce blanche. Parsemer de fromage et de paprika. Faire dorer au four.

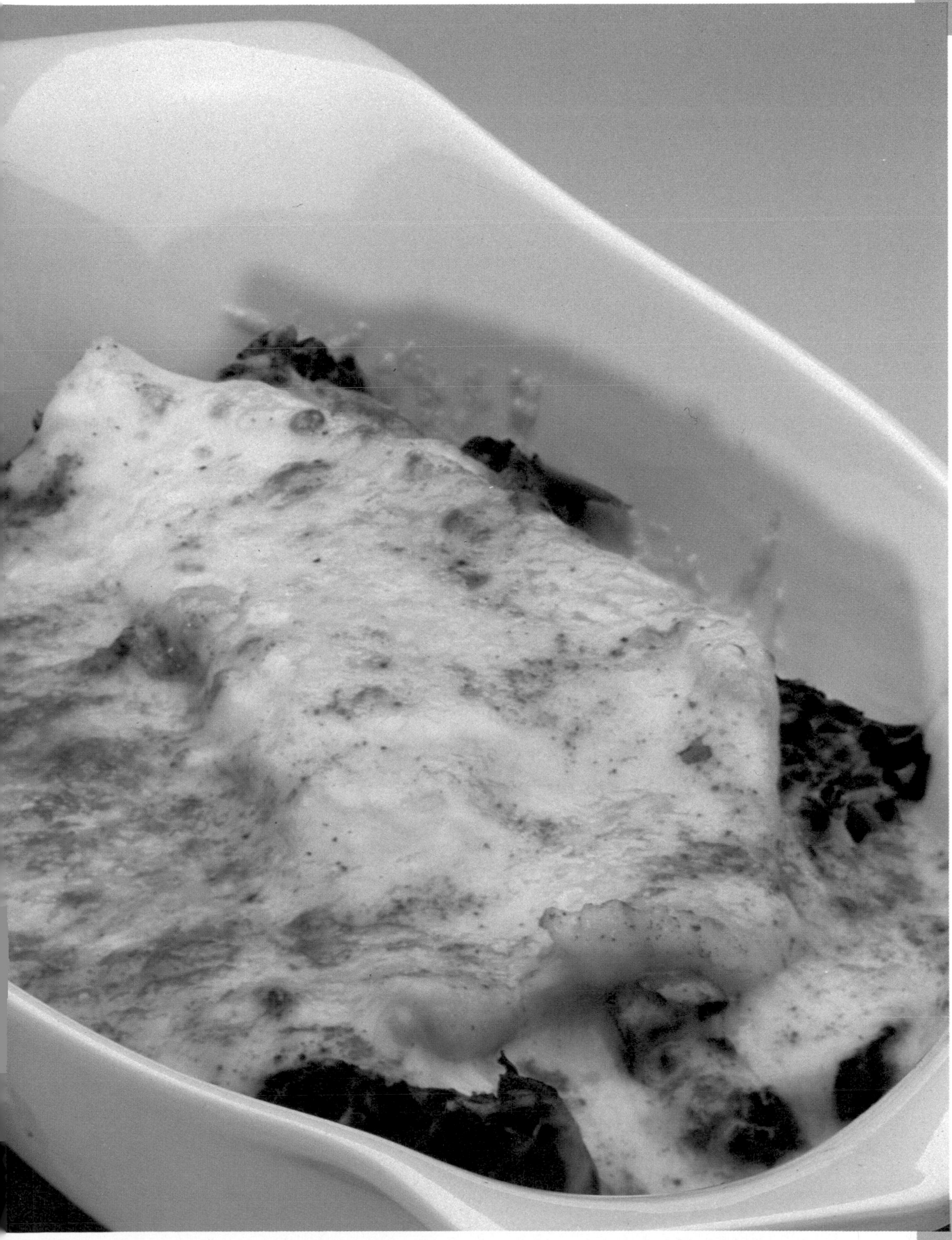

Coquilles de turbot Mornay

(pour 4 personnes)

1 PORTION	467 CALORIES	15g GLUCIDES
44g PROTÉINES	26g LIPIDES	trace FIBRES

375 ml	(1½ tasse) eau
1	petit oignon, en quartiers
1	clou de girofle
½	branche de céleri, émincée
900 g	(2 livres) filets de turbot frais, en morceaux de 2,5 cm (1 po)
30 ml	(2 c. à soupe) beurre
125 g	(¼ livre) champignons frais, en dés
5 ml	(1 c. à thé) ciboulette hachée
425 ml	(1¾ tasse) sauce Mornay, chaude
125 ml	(½ tasse) fromage mozzarella râpé
	jus de 1 citron
	sel et poivre

Verser l'eau dans une sauteuse. Piquer le clou de girofle dans un quartier d'oignon. Mettre tous les quartiers dans la sauteuse. Ajouter céleri, jus de citron et sel; amener à ébullition.

Ajouter le poisson; cuire 3 à 4 minutes à feu doux. Retirer le poisson et bien égoutter. Mettre de côté.

Faire chauffer le beurre dans une casserole. Ajouter champignons et ciboulette; cuire 3 minutes à feu doux.

Incorporer la sauce Mornay et bien assaisonner. Laisser mijoter 3 minutes.

Remettre le poisson dans la sauce et bien mélanger; laisser mijoter 1 minute.

Verser dans des plats à coquille, parsemer de fromage et faire dorer au four.

Coquilles de turbot au feta

(pour 4 personnes)

1 PORTION	167 CALORIES	12g GLUCIDES
15g PROTÉINES	5g LIPIDES	1,0g FIBRES

15 ml	(1 c. à soupe) beurre
2	filets de turbot, en morceaux de 2,5 cm (1 po)
2	échalotes sèches, hachées
250 g	(½ livre) champignons frais, émincés
15 ml	(1 c. à soupe) estragon frais, finement haché
125 ml	(½ tasse) vin blanc sec
425 ml	(1¾ tasse) sauce tomate épicée, chaude
45 ml	(3 c. à soupe) fromage feta
	sel et poivre

Beurrer une grande poêle à frire. Ajouter poisson, échalotes, champignons, estragon et vin. Couvrir d'une feuille de papier ciré et amener au point d'ébullition à feu moyen.

Dès que le liquide commence à bouillir, retirer la poêle du feu et laisser reposer 1 minute.

Retirer le poisson de la poêle. Mettre de côté.

Remettre la poêle sur le feu et faire chauffer 2 à 3 minutes à feu vif. Ajouter la sauce tomate; remuer et bien assaisonner. Continuer la cuisson 2 à 3 minutes à feu vif.

Rectifier l'assaisonnement et remettre le poisson dans la sauce; bien mélanger. Placer le mélange dans des plats à coquille et parsemer de fromage. Faire dorer au four pendant quelques minutes.

Coquilles froides

(pour 4 personnes)

1 PORTION	254 CALORIES	9g GLUCIDES
21g PROTÉINES	15g LIPIDES	trace FIBRES

90 g	(3 oz) fromage bleu, écrasé
15 ml	(1 c. à soupe) moutarde de Dijon
60 à 75 ml	(4 à 5 c. à soupe) jus de citron
175 ml	(¾ tasse) crème légère
1	gousse d'ail, écrasée et hachée
375 g	(¾ livre) pétoncles, cuits et refroidis
125 g	(¼ livre) champignons frais, nettoyés et tranchés
15 ml	(1 c. à soupe) persil frais haché
	quelques gouttes de sauce Worcestershire
	quelques gouttes de sauce Tabasco
	sel et poivre
	oignons verts pour décorer

Bien incorporer fromage et moutarde dans un grand bol.

Ajouter du jus de citron au goût. Incorporer crème, ail, sauce Worcestershire, sauce Tabasco, sel et poivre. Mélanger pour bien incorporer.

Mettre pétoncles, champignons et persil dans un autre bol. Arroser du mélange de fromage. Bien incorporer pour enrober les ingrédients.

Servir dans des plats à coquille. Garnir d'oignons verts. Si désiré, décorer de fruits et de feuilles de laitue.

Sauce Bercy

1 RECETTE	626 CALORIES	26g GLUCIDES
14g PROTÉINES	52g LIPIDES	trace FIBRES

60 ml	(4 c. à soupe) beurre
15 ml	(1 c. à soupe) persil frais haché
15 ml	(1 c. à soupe) ciboulette hachée
2	gousses d'ail, écrasées et hachées
15 ml	(1 c. à soupe) estragon frais haché
55 ml	(3½ c. à soupe) farine
500 ml	(2 tasses) bouillon de poulet léger, chaud sel et poivre
	quelques gouttes de sauce Tabasco

Faire chauffer le beurre dans une casserole. Ajouter persil, ciboulette, ail et estragon; faire cuire 3 minutes à feu doux.

Incorporer la farine et continuer la cuisson 2 minutes.

Ajouter bouillon de poulet et sauce Tabasco. Saler, poivrer. Remuer et faire cuire 10 à 12 minutes à feu doux en remuant de temps en temps.

Cette sauce peut s'utiliser dans de nombreuses recettes de coquilles.

Sauce paprika

1 RECETTE	942 CALORIES	75g GLUCIDES
24g PROTÉINES	65g LIPIDES	0,5g FIBRES

60 ml	(4 c. à soupe) beurre
2	oignons moyens, émincés
30 ml	(2 c. à soupe) paprika
60 ml	(4 c. à soupe) farine
1	grosse pomme, pelée, évidée et hachée
750 ml	(3 tasses) bouillon de poulet léger, chaud
45 ml	(3 c. à soupe) crème légère chaude
	sel et poivre

Faire chauffer le beurre dans une casserole. Ajouter les oignons; faire cuire 4 minutes à feu doux.

Incorporer paprika et farine; bien mélanger et cuire 1 minute à feu doux.

Ajouter pomme et bouillon de poulet; remuer et assaisonner. Faire cuire la sauce 8 à 10 minutes à feu moyen.

Retirer la sauce du feu et verser dans un robot culinaire. Bien mélanger jusqu'à l'obtention d'un mélange homogène.

Incorporer la crème chaude. Servir.

Sauce au cari

1 RECETTE	672 CALORIES	39g GLUCIDES
20g PROTÉINES	52g LIPIDES	0,3g FIBRES

45 ml	(3 c. à soupe) beurre
1	oignon finement haché
1	petite gousse d'ail, écrasée et hachée
30 ml	(2 c. à soupe) cari
5 ml	(1 c. à thé) cumin
45 ml	(3 c. à soupe) farine
625 ml	(2½ tasses) bouillon de poulet léger chaud
45 ml	(3 c. à soupe) crème légère chaude
	sel et poivre

Faire chauffer le beurre dans une casserole. Ajouter oignon et ail; faire cuire 3 minutes à feu moyen.

Incorporer cari, cumin et farine; faire cuire 4 à 5 minutes à feu doux en remuant fréquemment.

Incorporer le bouillon de poulet et bien assaisonner. Mélanger et faire cuire 7 à 9 minutes à feu moyen.

Ajouter la crème et remuer. Rectifier l'assaisonnement et servir.